キャリアデザインテキスト
第5版

なりたい自分になるために

JN191030

専修大学キャリアデザインセンター編

専修大学出版局

はしがき

　本書は、自分で自分のキャリアをデザインできるようにするための入門書です。大学生活を有意義に過ごすには、4年間における様々な選択肢の中から、自分の生き方を主体的に考え、行動する力を身につけることが重要です。大学生活をどのように送るか、卒業後の進路をどのように選択するか、といったことは誰も簡単に決めることはできません。これを解決するには、将来どのような働き方をしたいか、そのために大学4年間をいかに過ごすかなど、自分のキャリアについてさまざまな視点から検討し、デザインすることが必要です。

　ここで言うキャリアデザインとは、「なりたい自分」に向けて、目標を設定し、目標達成に向けて「Plan（計画）→　Do（実行）→　Check（評価）→　Action（改善）のPDCAサイクルを繰り返し行うこと、その過程」ということになります。

　なりたい自分になるためには、過去の自分の行動を振り返りながら、これから先のキャリアデザインをすることが必要です。しかし、自分の歩んできた過去の人生に自信が持てず、漠然とした不安を持っている人も少なくありません。前向きに自分の将来像や課題を見つけ、大学生活で何をすべきかを知り、行動する、そのための手助けとして活用されればと思い、このテキストを作成しました。

　本書は「第一章」「第二章」「参考資料」の三部構成で編成されています。第一章は講義部分であり、15講に分けて、キャリアデザインに必要な能力、行動・知識について、「キャリア理解」「環境理解」「自己理解」「総合研究」「まとめ」の5つのパートに分けて解説しています。

　第二章は講義の補足部分であり、6講に分けて、本学キャリアデザインセンターが提唱する「キャリアデザイン基礎力」（「学習力」「意思疎通力」等、詳細は第一章「第3講」、参考資料 pp. 163-168 参照）を高めるポイントについて解説しています。

　参考資料は講義で活用する自己理解のための検査、雇用関連の統計資料を添付しています。

　本書を通して学び気づいたことは、ぜひ他の科目やゼミナール、課外活動、アルバイト、インターンシップなどで活用し、様々な立場や年齢の人たちと話をしてみてください。自分一人でわかったつもりになっていた環境理解や自己理解の視野が、歪みやへこみが取れて広がっているように感じられるでしょう。

　本書が皆さんのキャリアを考えるきっかけとなり、なりたい自分の姿に近づく一歩となることを願っています。

2025年3月　　　　　　　　　　　　　　　　　専修大学キャリアデザインセンター

目　次

本書の使い方

　本書は、半期15回の講義を想定しており、「本講の目的」「事前課題」「講義」「ワーク」、そして「参考資料」から構成されています。各内容は以下のとおりです。

１．本講の目的

　各回の冒頭には「本講の目的」を掲げています。各回の講義で何を学ぶのか、何を身につけるのかを明確にして授業に臨んでください。

２．事前課題

　講義を受ける前に事前学習（予習）として冒頭の「事前課題」を行ってきてください。難しい問題を解くわけではなく、自分の考え方や行動などを振り返ることが主眼ですので、講義の理解や興味を深めるために、ぜひ自主的に行ってください。

３．講義

　各回の講義は「事前課題」から始まります。事前課題をグループで共有した後、いくつかの「講義」を用意しています。「講義」の部分は各回で理解してほしい理論や考え方など知識面を載せています。ポイントのみ載せているケースもありますので、講師の講義をしっかり聴いて書き留めてください。また、「コラム」として書かれている部分（「参考」など）は、講義で扱わないケースもありますが、関連する内容なので、指示がなくても各自で目を通してください。

４．ワーク

　講義の途中にある「ワーク」は、講義を受けて理解してから行うケースと、次のテーマの導入として行うケースがあります。そのときの状況と講師の指示によって異なりますが、基本的にグループで共有するケースが多いので、グループワークを円滑に進めるためにも、限られた時間内に速やかに行ってください。

５．参考資料

　「参考資料」は、「講義」の理解を深めるため、補足や発展の目的で用意されたデータや資料、考え方などを集めています。講師が「講義」で扱わないケースもありますので、各自が自主的に読み進めてください。

　毎回の講義の後には、事後学習（宿題）を用意しています。基本的には各講義の理解を自分自身に照らし合わせて考える内容になっていますので、講師から指示がありましたら、与えられたテーマに沿ってしっかりと自己を振り返ってください。

第一章

講　義

第1講　キャリアを理解する①

―なぜキャリア・キャリアデザインを学ぶのか―

> **＜本講の目的＞**
> 　なぜキャリアを学ぶのか、なぜキャリアデザインが必要なのか社会的な背景を理解することができる。
> 　そしてこれから社会で求められる人物像を理解することができる。

＜事前課題＞

　今まで「キャリア」や「キャリアデザイン」について学んだことがありますか？

　それはいつ・どのようにして学んだのでしょうか？　そのときにどのように感じましたか？

＜講義＞

キャリア・キャリアデザインをなぜ学ぶのか

１．人生100年時代の到来（ライフシフト時代―人生100年現役80歳時代へ）

１－１　人生・職業の変化

　グローバル化とテクノロジーの進化によって、100年生きる人生をもたらすと言われている。2007年に生まれた子供は50％の確率で104歳まで生きる。人生100年時代では、教育・仕事・引退の3ステージモデルが通用しなくなると『LIFE　SHIFT』の著者リンダ・グラットンは述べており、新しい働き方について提示している。昭和55年では65歳で引退し、残りの8年を貯蓄で生きればよかった。しかし、100歳生きる時代になると同じ前提条件なら20年長く働かなくてはならない。

　令和3年4月に70歳までの就業機会を確保するために、高年齢者雇用安定法の一部が改正され、施行されている。

　現在に目を向けると平均寿命は延びている。表1-2は年次推移を表しているが戦後まもなくは50歳くらいが平均寿命だったが、現在は80歳を超えている。表1-1の「平均余命」は当該年齢の人があとどれだけの年数生きるかということを表している。平均寿命を大きく超えた90歳の平均余命は、男性4.38年、女性5.74年であり、90歳を超えてもなお平均して4〜5年は余命がある。

表1-1　主な年齢の平均余命

（単位：年）

年齢	男			女		
	令和3年	令和2年	前年との差	令和3年	令和2年	前年との差
0歳	81.47	81.56	△ 0.09	87.57	87.71	△ 0.14
5	76.67	76.76	△ 0.09	82.76	82.90	△ 0.14
10	71.70	71.78	△ 0.08	77.78	77.93	△ 0.15
15	66.73	66.81	△ 0.08	72.81	72.95	△ 0.14
20	61.81	61.90	△ 0.09	67.87	68.01	△ 0.14
25	56.95	57.05	△ 0.09	62.95	63.09	△ 0.14
30	52.09	52.18	△ 0.09	58.03	58.17	△ 0.13
35	47.23	47.33	△ 0.10	53.13	53.25	△ 0.12
40	42.40	42.50	△ 0.09	48.24	48.37	△ 0.13
45	37.62	37.72	△ 0.11	43.39	43.52	△ 0.13
50	32.93	33.04	△ 0.11	38.61	38.75	△ 0.14
55	28.39	28.50	△ 0.11	33.91	34.06	△ 0.14
60	24.02	24.12	△ 0.11	29.28	29.42	△ 0.14
65	19.85	19.97	△ 0.11	24.73	24.88	△ 0.14
70	15.96	16.09	△ 0.13	20.31	20.45	△ 0.14
75	12.42	12.54	△ 0.12	16.08	16.22	△ 0.14
80	9.22	9.34	△ 0.12	12.12	12.25	△ 0.13
85	6.48	6.59	△ 0.10	8.60	8.73	△ 0.13
90	4.38	4.49	△ 0.11	5.74	5.85	△ 0.12

　出所：厚生労働省「簡易生命表」2021年

表 1-2 平均寿命の年次推移

（単位：年）

和暦	男	女	男女差
昭和 22 年	50.06	53.96	3.90
25-27	59.57	62.97	3.40
30	63.60	67.75	4.15
35	65.32	70.19	4.87
40	67.74	72.92	5.18
45	69.31	74.66	5.35
50	71.73	76.89	5.16
55	73.35	78.76	5.41
60	74.78	80.48	5.70
平成 2	75.92	81.90	5.98
7	76.38	82.85	6.47
12	77.72	84.60	6.88
17	78.56	85.52	6.96
22	79.55	86.30	6.75
27	80.75	86.99	6.24
令和 2	81.56	87.71	6.15
3	81.47	87.57	6.10

注：1) 令和 2 年以前は完全生命表による。

2) 昭和 45 年以前は、沖縄県を除く値である。

出所：厚生労働省「簡易生命表」2021 年

1－2 働き方が変わる（求められる人材像が変わった。スキル・能力の需要度からどう変わればいいのか）

日本企業の採用の在り方が変わった

　日本経済新聞社の採用計画調査によると、2024 年度の採用計画に占める中途採用比率は過去最高の 43.0％と 5 割に迫る水準になった。（2023 年調査結果 37.6％から 5.4 ポイント上昇した）。少子化を背景に、長らく続いた新卒一括採用は限界にきており、年功序列型雇用は企業の競争力を弱める一因になっている。社員のスキルなどによって処遇を決める柔軟な人材戦略が欠かせなくなってきたと調査を行った日本経済新聞社は分析している。

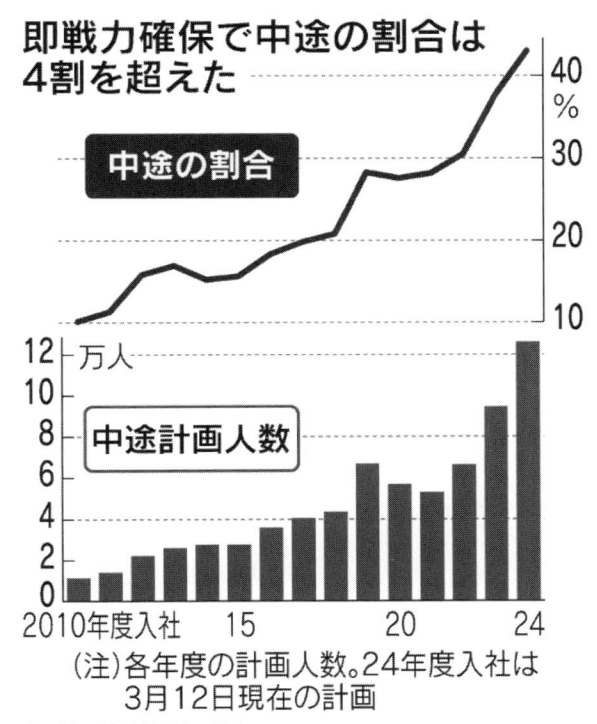

出所：日本経済新聞社採用計画調査

（日経転職版　2024年4月19日 https://career.nikkei.com/nikkei-pickup/002960/）

社員のスキルなどによって処遇を決める柔軟な人材戦略とは何か？

　「未来人材会議」（経済産業省，2022年）によると、今までは「注意深さ・ミスがないこと」「責任感・まじめさ」が重視されていたが、これからは「問題発見力」「的確な予測」「革新性」が重視されるとしている。

　「問題発見力」や「的確な予測」等が求められるエンジニアのような職種の需要が増える一方、事務・販売従事者といった職種に対する需要は減る。

　現在、事務・販売従事者を多く雇用する産業の労働需要は大きく減ることになるとしている。「未来人材会議」では、「職種」においては、事務従事者は42%減少、販売従事者は 26%減少する一方、情報処理・通信技術者は 20%の増加、開発・製造技術者は 11%の増加としている。「産業」では、卸売・小売業は 27%の減少、製造業は1%の減少が見込まれるとしている。

現在は「注意深さ・ミスがないこと」、「責任感・まじめさ」が重視されるが、将来は「問題発見力」、「的確な予測」、「革新性」が一層求められる。

56の能力等に対する需要

2015年		2050年	
注意深さ・ミスがないこと	1.14	問題発見力	1.52
責任感・まじめさ	1.13	的確な予測	1.25
信頼感・誠実さ	1.12	革新性※	1.19
基本機能（読み、書き、計算、等）	1.11	的確な決定	1.12
スピード	1.10	情報収集	1.11
柔軟性	1.10	客観視	1.11
社会常識・マナー	1.10	コンピュータスキル	1.09
粘り強さ	1.09	言語スキル：口頭	1.08
基盤スキル※	1.09	科学・技術	1.07
意欲積極性	1.09	柔軟性	1.07
⋮	⋮	⋮	⋮

※基盤スキル：広く様々なことを、正確に、早くできるスキル

※革新性：新たなモノ、サービス、方法等を作り出す能力

（注）　各職種で求められるスキル・能力の需要度を表す係数は、56項目の平均が1.0、標準偏差が0.1になるように調整している。

（出所）2015年は労働政策研究・研修機構「職務構造に関する研究Ⅱ」、2050年は同研究に加えて、World Economic Forum "The future of jobs report 2020", Hasan Bakhshi et al., "The future of skills: Employment in 2030" 等を基に、経済産業省が能力等の需要の伸びを推計。

出所：経済産業省　未来人材会議中間とりまとめ「未来人材ビジョン　令和4年5月」2022年。

　一方、AIの導入などによる影響も含まれているとみている。エン・ジャパン社の調査によると、「経理・財務・会計系」「一般事務・秘書・アシスタント系」「コールセンター」などが無くなる仕事とみる一方で、「経営者・COO・経営幹部」「経営企画・事業企画系」「営業系」が無くならない仕事とみているという結果となった。

　『10年後のハローワーク　これからなくなる仕事、伸びる仕事、なくなっても残る人』（アスコム、2024）の著者北海道大学の川村秀憲先生は「仕事は『意思決定』と『作業』に分解され、このうち『作業』に関しては、相当部分がAIに取って代わられる」。違う言葉で言い換えるならば、「自分で何をするか決める仕事」は残り、「人から言われてやる仕事」は、AIに取って代わられることになる。どんな業界、領域であれ、「自分で決めている人」になる必要があるとしている。

　AIの普及に伴ってアシスタントは不要になり、必要なのは決定をする人だけに「AIをどう使うか」「AIになにをさせるか」は使う側である人間の判断に委ねられる。「〜の分野にやたら詳しく、できる人」だから「決定すること」に意味あるし、信頼される。そのためには自分の好きなことを突き詰められる。好きな気持ちを継続できる人がこれから求められる。

AI 導入で無くなる職種・無くならない職種

現在ミドル世代が就業している職種の中で、AI に代替されて無くなると予想される職種
（※複数回答可。上位トップ 10 入りした職種のみ表記）

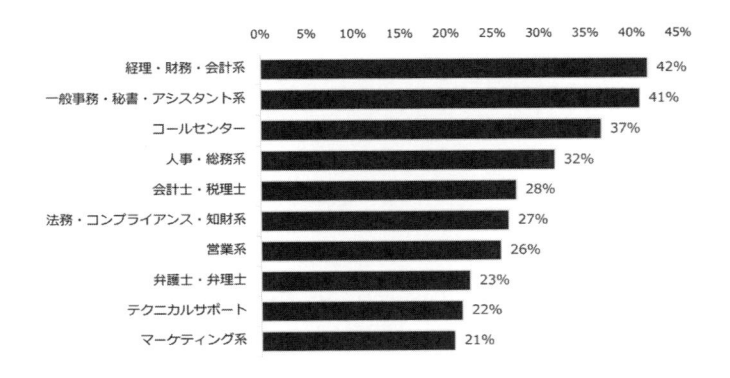

現在ミドル世代が就業している職種の中で、AI に代替されないであろう職種
（※複数回答可。上位トップ 10 入りした職種のみ表記）

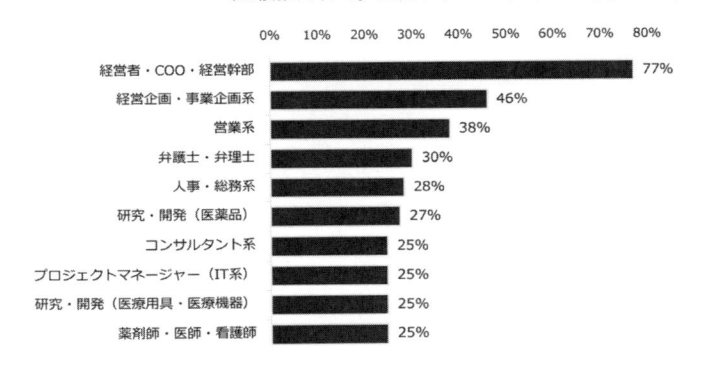

出所：エン・ジャパン プレスリリース「転職コンサルタントに聞く『AI に代替される仕事』
調査」2017 年 12 月 20 日発表。

1－3　企業事情が変わる（転職が当たり前に、その影響で就活や入社後の在り方も変わる）

「作れば売れる時代」から「売れるものを創る時代へ」

　高度成長期における GDP が毎年 10％近く伸びた時代や「ジャパン・アズ・ナンバーワン」と呼ばれた GDP 約 5％成長下では、長期間ヒット商品が続いている、また売れている総数が多かったため、差別化のない商品・サービスでも一度軌道に乗れば，新たなアイデアを出さなくてもルーティンで売り上げをのばすことができた。

ヒット商品のライフサイクル～商品のライフサイクルは短期化している

ヒット商品のライフサイクル短期化

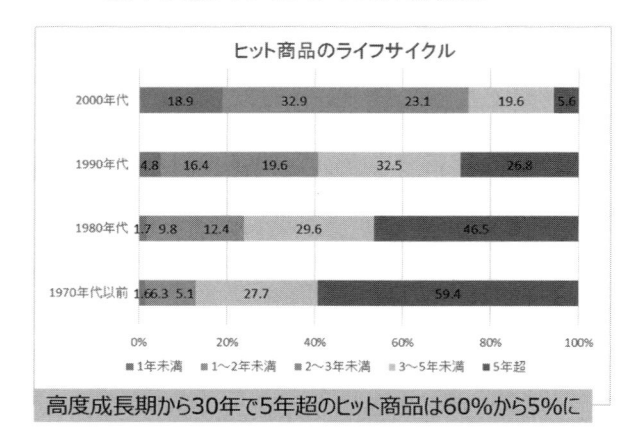

高度成長期から30年で5年超のヒット商品は60%から5%に

出所： （社）中小企業研究所「製造業販売活動実態調査」2004 年 11 月

　　しかし、バブル崩壊以降の GDP が平均年 1%程度しか伸びない時代はあきらかに違う。中小企業庁調査によれば、1970 年以前 5 年以上続くヒット商品は 60%あったが、2000 年以降は、5 年以上続くヒット商品は 5%しか存在しない。むしろ、ヒットしている期間が 1 年未満の商品が 20%近くになっている。商品ライフサイクルが早期に陳腐化しているということだ。よってイノベーションが求められる時代であり、対応できない産業・企業は成熟期や衰退期に入ってしまうことが多々見られるようになった。いわゆる「作れば売れる」時代から「売れるものを創る」時代に変わったのである。

時代のパラダイムが変わった

	昭和	平成	令和
中心テーマ	コンストラクション（製造）2次元：作る技術	オペレーション（操業）3次元：空間を超える技術	クリエーション（創造）4次元：時間を超える技術
仕事	建設業など資本力が必要	インターネットなど空間を超える技術が中心。組織力が重要	世界同時配信など時間を超える技術が中心。個性（天才性）が重要。
生活	顔の見える関係で暮らす土着で移動が少ない	新幹線などにより移動が容易に。不特性多数とSNSでつながる	コロナショックで空間がゼロに。時間の濃さや長さに焦点が当たる

出所：山口揚平『ジーニアスファインダー　自分だけの才能の見つけ方』SBクリエイティブ、2021年

　『ジーニアスファインダー　自分だけの才能の見つけ方』（SBクリエイティブ、2021）の著者山口揚平氏によれば、年号ごとにパラダイムが大きく変わっているとしている。仕事や産業面において、昭和はコンストラクション（製造）の時代、平成はオペレーション（操業）の時代、令和はクリエーション（創造）の時代といえる。クリエーション（創造）やその前提となっているイノベーション（革新）が起こるのは、異質の交流（異なるバックグラウンドや才能のぶつかり合い）によって、化学反応で新しいものが生まれるのである。今までと違い、個性がより重要となってくる。

＜ワーク＞

　キャリア・キャリアデザインを学ぶ意味について、あなたはどのように感じましたか？　下記1～3それぞれについて印象に残ったことは何ですか？　あなたの人生においてどう意味づけますか？

1-1　「人生・職業の変化」について

1-2　「働き方が変わる」について

1-3　「企業事情が変わる」について

第2講　キャリアを理解する②

―キャリア・キャリアデザインの意味―

<本講の目的>

　キャリア、キャリアデザインの意味を理解し、なぜキャリアを学ぶのか、なぜキャリアデザインが必要なのかを考えられるようになる。
さらに自分のことをキャリアの視点から考えられるようになる。

<事前課題>

　これまで「キャリア」という言葉を使ったり、聞いたりしたことがありますか?
　それはどのような場面や状況でしょうか?　あなたが捉える「キャリア」の意味やイメージについて思いつくままあげてください。

＜講義＞

1．キャリアとは

1-1　キャリアの語源

①英語の「career」はラテン語の「carraria」（カルラリア）に由来。馬車が通ってできる轍（わだち、跡）、車道。
②太陽が空を通り抜ける道筋、目的地に向かう航路。

1-2　キャリアの主な定義

キャリアの定義は多様。主な定義は下記のとおり。

①（職業・生涯の）経歴・履歴、進路、付随する業績や学歴、資格等、経験・学歴をどう作るか？
②**専門的技能**を要する職業、職位についていること
　・専門性をどう作るか？専門性をどう更新していくか？
③生涯にわたる期間において、仕事に関する諸経験や諸活動と結びついており、**個人的に知覚された**一連の態度や行動である（D・ホール）
　・「個人的に知覚された」→**主観、意味づけ**
　・過去、現在、未来の活動をどう意味づけるか？
④人生のある年齢や場面の様々な**役割の組み合わせ**（E・スーパー）
　・様々な役割に時間をどのように配分し、果たしていくか？
　　＜役割の例＞　働く人（社長、マネージャー、新入社員等）、学ぶ人、親、子ども、配偶者、余暇を楽しむ人、市民（地域活動）、家庭を維持管理する人、リーダー、ムード・メーカー等
⑤人が生涯の中で様々な役割を果たす過程で、**自らの役割の価値や自分と役割との関係を見出していく連なりや積み重ね**（中央教育審議会）
　・求められている役割にどう向き合うか？
　　例）「学ぶ人」という役割にどう向き合うか？「学ぶ人」の役割の価値にどう気づくか？

＜ワーク１＞

・上記の「キャリアの主な定義」について、あなたはどの定義に関心を持ちましたか？　どのように意味づけますか？

・関心を持った「自らの役割の価値」をどう実現していきますか？　また、どのように学び実践していくか考えてみてください。

2．キャリアを捉える視点

- ・キャリアの定義は多様であるので、どのように捉えるかの視点が必要。
- ・キャリアとはどのような内容であるのかという内容面、どのような要素で構成されているのかという要素面の２つの視点がある。

2-1　広義と狭義の意味
①広義の視点：ライフ・キャリア
- ・職業以外の様々な活動（ボランティア、趣味、スポーツ、学業、家事、育児、介護等）

②狭義の視点：ワーク・キャリア
- ・職業（生計維持）に関する活動

③ライフ・キャリアとワーク・キャリアは相互に影響し合う
- ・仕事と生活の調和を図る→ワーク・ライフ・バランス（work-life balance）
- ・仕事と介護、仕事と治療の両立、働き方改革（残業時間の上限規制）

＜キャリアの概念図＞

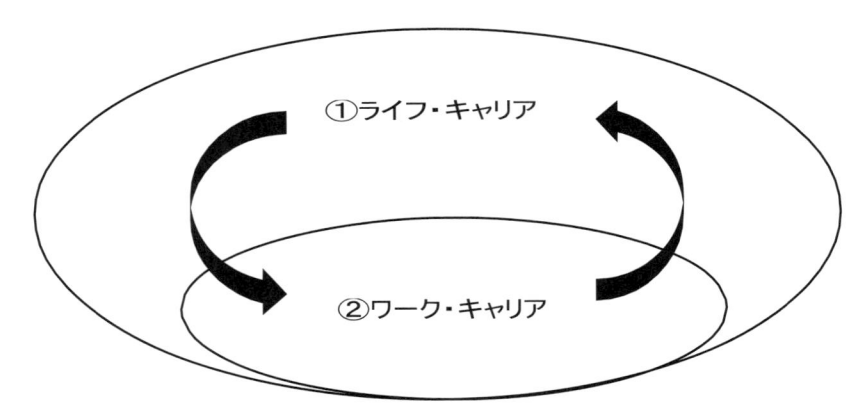

2-2　３つの構成要素（キャリアの３つの軸）
①自分軸：認知（捉え方）、感情、行動
- ・キャリアデザインの主体であり、行動することが必須
- ・生涯にわたって成長・発達する（ラセン状に成長）

＜テーマ＞自分らしさ（能力、価値観、欲求）をどのように育てるか？

②環境軸：他者、社会・雇用環境、生活環境、情報環境など
- ・環境から影響を受け、活動するフィールドを拡大する

＜テーマ＞環境からの支援をどのように得るか？　どのように適応していくか？

③時間軸：過去、現在、未来
- ・過去から未来を展望し、未来に向けて、現在すべきことを実践する

＜テーマ＞過去を意味づけし、展望を持って、今をどう生き生き過ごすか？

④３つの軸は相互に影響する
・環境が変化することによって自分が変化。自分が変化することによって環境が変化
・時間と共に環境や自分が変化
・環境や自分が変化することで時間の感じ方が変化

<キャリアの３つの軸>

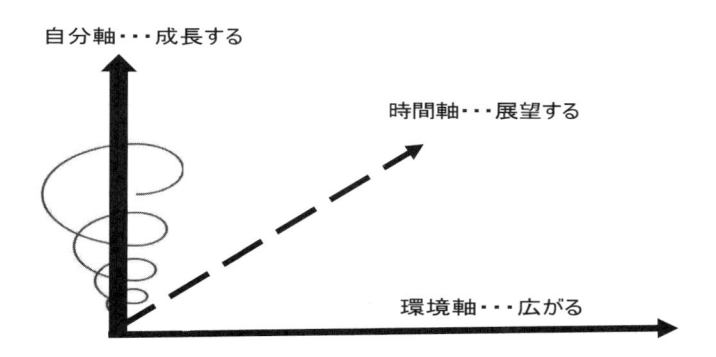

３．キャリアデザインの意味・必要性

3-1　キャリアデザインとは

　「ありたい姿・なりたい自分」に向けて、目標を設定し、目標達成に向けて
「PDCA サイクル」（下図）を回していくこと、その過程。

<PDCA サイクル>

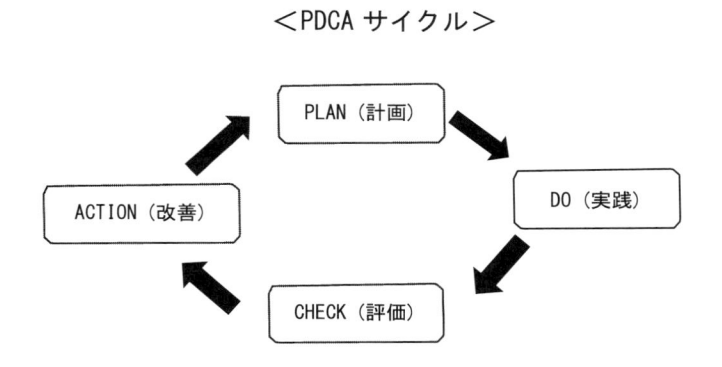

3-2　キャリアデザインの意味・必要性
①チャンスを掴んだり、創造したりすることができる
②人生に意味を見出すことができる
③「いま」を充実させることができる

3-3 キャリアデザインの6つの課題

①広い視野に立つ。グローバルな視点で、社会の変化やニーズを捉えてキャリアをデザインする。

②ライフとワークを統合する。人生上の役割と職業・職務を組み合わせ、人生全体をどう生きていくかという視点でキャリアをデザインする。

③男女の共同・共生を目指す。男女がよいパートナーシップを形成し、家族にとっての最大の利益となるように、キャリアをデザインする。

④多様性を活かす。多様性を認め、互いの相違を大切にし、活かし合う視点でキャリアをデザインする。

⑤仕事に意味・意義を見出す。仕事の意味・意義を見出すこと、人生の目的をさぐり、自己の存在感を確認できるようにキャリアをデザインする。

⑥人生 100 年時代における長期職業生活や変化に対処するためにキャリアや職業能力を見直し、予期しない変化にも柔軟に対処できるようにキャリアをデザインする。

＜ワーク２＞

　これまでの日常・学校生活を振り返り、下記の「主体的な行動力」について4段階で評価してください。

・主体的な行動力（　　　/20）

①目標に向かって自ら「ここに問題があり、解決が必要だ」と提案するようにしている。
　　　＜4：できている、3：ややできている、2：あまりできていない、1：できていない＞

②既存の発想にとらわれず、問題に対しては、新しい解決方法を考え、解決に向けて行動するようにしている。
　　　＜4：できている、3：ややできている、2：あまりできていない、1：できていない＞

③普段から、指示を待つのではなく、自らやるべきことを見つけて積極的に取り組むようにしている。
　　　＜4：できている、3：ややできている、2：あまりできていない、1：できていない＞

④「やろうじゃないか」と呼びかけ、目的に向かって周囲の人々を動かすようにしている。
　　　＜4：できている、3：ややできている、2：あまりできていない、1：できていない＞

⑤自ら目標を設定し、失敗を恐れずに行動に移し、粘り強く取り組むようにしている。
　　　＜4：できている、3：ややできている、2：あまりできていない、1：できていない＞

4．主体性

4-1　自主性と主体性
（1）自主性とは
　やるべきことは明確で、人に言われる前に率先して自ら行動すること。管理された中で、他者からの保護や干渉を受けずに独立して事を行うこと。
　　（例）「挨拶をすること」と決められているアルバイト先で、言われなくても
　　　　　自ら率先して挨拶をすることができる。

（2）主体性とは
　目的はあるが何をやるかが決まっていない場面で、目的を明確にして、その達成のために何をするかを自分で考え、どんな状況下でも自分の意志や判断で行動すること。
　　（例）「職場の雰囲気をよくしたい」と考えたとき、その目的のために、まずは
　　　　　挨拶が大事と考えて自ら率先して実行すること。ほかにも雰囲気をよく
　　　　　するために、朝礼を企画して実行するなど、自分で考え行動する。

4-2　自主性と主体性の違い

自主性		主体性
決まっている	やること	決まっていない
やるべきことを（実行することは決まっていて）どのようにやるか	判断の範囲	何をすべきか、するかしないか、実行方法
与えられた考えに沿って、自ら行動に移す	行動	自ら考え判断して自ら行動する
管理された中で優等生的な行動	影響	周囲によい影響を与えることができる
とらない、または限定的	行動の責任	とる

<事例研究>
- 下記の事例を読んで、以下の設問ついて考えてください。
- 考える際は、記述していることだけではなく、記述されていないことも推測してください。

<設問>
①この女子社員が「トップセールスパーソン」になった理由は何だと思われますか？
②この事例を読んで、あなたなりに気づいたこと・感じたことは何ですか？

1　ある自動車販売会社のことである。一人の女子社員が入社した。そして、店頭販売の
2　係に配属された。彼女は、車のことについてはまったくの素人である。お客さんから教
3　えられることも少なくない。また、お客さんとの接し方についても初めてのことばかり
4　である。礼を失し、お客さんの機嫌を損ねたことも一度や二度ではない。
5　そうした彼女にできることは、教えられたことに対するお礼や、失礼をしたことへの
6　お詫びをハガキに書いて出すことぐらいである。これくらいのことしかできないが、せ
7　めて誠心・誠意を込め丁寧に書くことにした。彼女なりのささやかな小一歩である。
8　ハガキを出し始めてからしばらくしてのことである。何人かのお客さんに電話で事務
9　連絡をしていたところ、そのうちの一人のお客さんから、「そうそう、ハガキをありが
10　とう」という言葉が返ってきた。彼女は、何かとても嬉しくなった。元気が出てきた。
11　それからは、その日彼女が接したお客さんすべてにハガキを出すことにした。次の小一
12　歩を踏み出した。（省略）
13　どんな日でも、接した人すべてに必ずハガキを出した。一人一人、気持ちを込めて書
14　いた。同じ人が二度、三度と訪れても、そのつど出す。何度も出す人には飽きられない
15　よう、言葉を変えたり、ちょっとイラストを入れたり、シールや記念切手を貼るなどの
16　工夫をした。
17　すると、である。このハガキ出しを始めて三ヵ月くらいたった頃、彼女を指名してく
18　るお客さんが出てきたのである。後を追うように、そのようなお客さんが二人、三人と
19　出てきた。そしてついに、契約をしてくれるお客さんが現われたのである。
20　こうして半年、一年と続けるうちに、なんと彼女は、その販売会社のトップセールス
21　パーソンになったのである。（省略）
22　女の子が台頭してきたとなると、他のセールスマン、特にそれまでトップセールスを
23　張っていたベテラン連中は安閑としておれない。（省略）
24　ベテランが動けば中堅も動く。もちろん若手も動く。営業だけでなく、間接部門も刺
25　激を受ける。もっとも刺激を受けたのは、他でもなく社長だったかもしれない。
26　こうして、会社全体が活気づいてきたのである。社長が、あれだけ毎日のように激を
27　飛ばしても伸びなかった売り上げが伸び始めたのである。（省略）

出所：さとう秀徳『自分を前進させるアクションの起こし方－昨日と違う明日へ－』明日香出版社（1999）pp. 205-207より

＜回答・メモ欄＞

5．主体的な行動をとるために必要な考え方

5-1　計画された偶発性理論（Planned Happenstance Theory）
スタンフォード大学のジョン・D・クランボルツ教授らによって提唱された理論。

①キャリアは、あらかじめ計画したとおりや期待したとおりにはならない。
②キャリアデザインとは「人生で出会う予期せぬ偶発的な出来事をどれだけ活用できるか」ということ。
③偶発的な出来事を活用するためには常に心を開き（オープンマインド）、チャンスを逃さないように準備する。
④「待ちの姿勢」ではなく積極的に行動し、機会を作り出すこと。

5-2　「偶発的な出来事」を活用するための考え方・行動
①好奇心
・自分の知らない分野にまで視野を広げ、様々なことに関心を持つ。
・新たな分野で知識を学び続ける。
②持続性
・物事がうまくいかなくても、粘り強く努力する。
・結果を急がないで、足元を固めながらじっくり取り組む。
③楽観性
・マイナスの出来事が起きても悲観的に受け止めるのではなく、楽観的に捉える。
・どんな出来事も自分にとってプラスに転じることができると考える。
④柔軟性
・執着心やこだわりを捨て、幅広く物事を捉えること。
・状況に応じて、自分のとるべき行動を変えること。
⑤挑戦
・未知へのチャレンジは上手くいかないことが起きるのは当たり前と考える。
・結果が不確実でも、リスクをとって行動を起こすこと。

＜ワーク4＞
　主体的「偶発的な出来事」を活用するための考え方・行動に照らしてどのような考え方・行動をとったのかを考えてみましょう。

第3講　キャリアを理解する③

―社会知性を開発する―

<**本講の目的**>
・本学の 21 世紀ビジョン、教育目標である「社会知性の開発」について定義し、大学生活での学び方や行動目標を設定することができる
・キャリアデザインに必要な能力として本学キャリアデザインセンターが提唱する「キャリアデザイン基礎力」を理解するとともに、現状の評価を行い、今後の行動目標を設定することができる。

<**事前課題**>
　「社会知性の開発」という言葉から連想することについて書いてください。あなたが捉える「社会知性の開発」の意味やイメージについて思いつくままあげてください。これまでの日常・学校生活を振り返り、「社会知性の開発」を実行した場面や状況があればあげてください

<講義>

1．社会知性の開発とキャリアデザイン基礎力

1-1　社会知性の開発

　本学では21世紀ビジョン、教育目標として「社会知性の開発」を提唱。

　「社会知性」とは本学の建学の精神である「社会に対する報恩奉仕」を現代的に捉え直したもの。定義は「専門的な知識・技術とそれに基づく思考方法を核としながらも、深い人間理解と倫理観をもち、独創的な発想により地球的視野から主体的に社会の諸課題の解決に取り組んでいける能力」としている。

1-2　社会知性を維持・向上するための「基礎能力」

　本学キャリアデザインセンターが提唱している「キャリアデザイン基礎力」はその「社会知性」（専門能力）の土台となる「基礎能力」であり、社会知性を維持・向上していくために必要な能力として位置付けられる。

　「キャリアデザイン基礎力」は6領域・12の能力要素（次ページの表）で構成。各能力の行動要件の詳細は巻末参考資料 pp.163-168 に記述。

1-3　大学 4 年間をとおして意識して育成

　本学の学生においては 4 年間の学生生活の履修科目やインターンシップ等の活動をとおして、この「キャリアデザイン基礎力」を意識して育成することが求められる。

<キャリアデザイン基礎力の概念図>

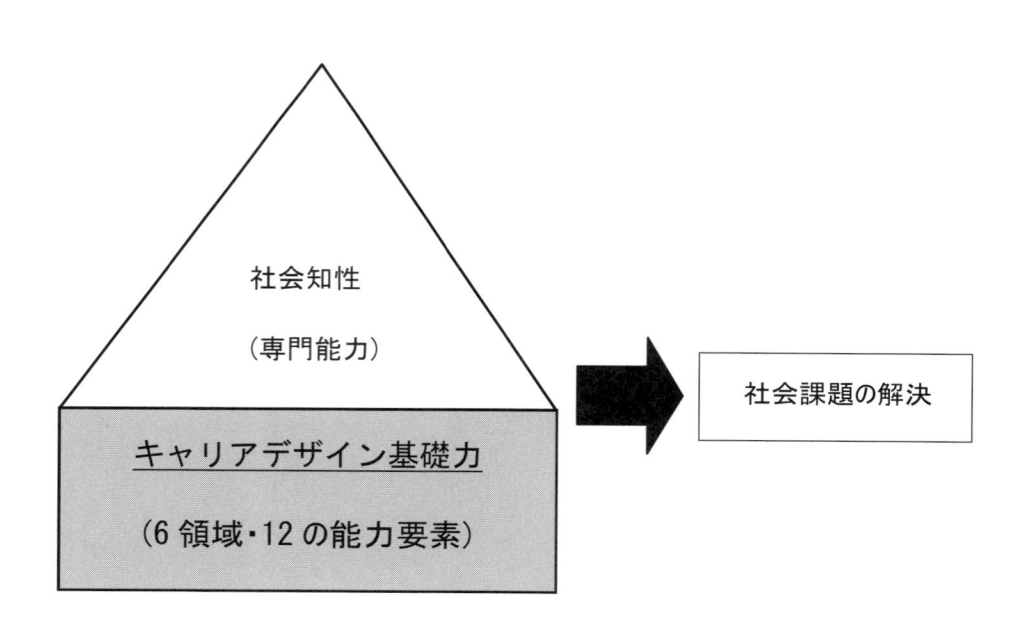

＜キャリアデザイン基礎力＞

6領域	12 の能力要素
1．学習力	①幅広い好奇心
	②知識を深める力
2．意思疎通力	③発信力・プレゼンテーション力
	④ディスカッション力
3．論理思考力	⑤多様な思考力
	⑥深い理解力
4．挑戦力	⑦決断力・行動力
	⑧メンタルタフネス
5．人間関係構築力	⑨リーダーシップ・フォロワーシップ
	⑩信頼関係構築力
6．問題解決力	⑪問題発見力
	⑫解決策の実行力

２．キャリアデザイン基礎力の評価・育成

・キャリアデザイン基礎力の 12 の能力要素を「授業、インターンシップ、部活動、アルバイト等」で意識して育成する。
・育成のPDCAサイクル（「第2講」p.19参照）を回し続けることで、「行動の習慣化」を行い、行動のレパートリーを増やしていく。

＜ステップ1＞　能力要素の評価
・巻末参考資料 の「資料1　キャリアデザイン基礎力の課題・行動目標の作成」（pp.163-168）に基づいて、12 の能力要素についてこれまでの日常生活を振り返って自己評価する。

▼

＜ステップ2＞　課題・行動目標の作成
・自分が今後伸ばしていきたい能力要素について課題を設定し、具体的な行動目標を作成する。
・行動目標を設定する授業や活動を具体的に決め、第二章「キャリアデザイン基礎力を高めるポイント」（pp.129-160）を参考にして課題・行動目標を作成する。
・目標の期日は半期（前期・後期）を一つの目安とする。
・課題は「～する」と肯定的に表現し、取り組みたい事柄を記述する。
・行動目標は課題に基づいて、可能な限り、具体的に記述。数値化（頻度、量）できるものは数字に置き換える。例えば、「主体的、積極的、しっかりと、頻繁に、頑張る、深める、コミュニケーションをとる等」を使わずに「何を、いつ、どこで、誰が（と）、どのように、どの程度」を明確にする。

<＜課題・行動目標の作成例＞

（課題）授業の予習を行う。

（行動目標）「キャリア入門」の授業において、授業の前日までに、30 分～1時間程度時間をとり、テキストの該当ページを読んで、ポイントや疑問点をエクセルに書き出す。

＜ステップ3＞　行動目標の振り返り

・行動目標をどの程度、達成しているか、進捗状況を半期の中で「期中、期末」の２段階で振り返る。振り返りは他者に自分の行動事実を伝え、意見も聴きながら進めるとより客観性が確保できる。
・期末の振り返りでは半期の経験で得た知識・スキル、良かった点、改善点、達成した・達成できなかった要因等を分析するとともに、半期の経験の中で得た「教訓」を言語化する。

＜ステップ4＞　行動目標の追加・修正・継続

・「期中、期末」の振り返りに基づき、行動目標を追加・修正・継続したり、次期の新たな行動目標を設定する。

キャリアデザイン基礎力の評価・育成のイメージ

各学年の前期（後期）		
期初	期中	期末
12 の能力についてどの能力を、どの授業・活動で育成するのかを決め、課題・行動目標を作成。	前期(後期)の中間で、行動目標を振り返り、取り組み状況を評価。場合によっては行動目標を修正・追加。	前期（後期）の期末で、行動目標を振り返り、達成度合を評価。次の期に向けて新たな課題・行動目標を作成。半期の取り組みで得た教訓を言語化する。

＜課題＞

・「社会知性の開発」を行う上で、これからどのような学生生活を送っていきますか？　具体的に記述してください
・ご自身が「社会知性の開発」を獲得していく上で、巻末参考資料の「資料1　キャリアデザイン基礎力の課題・行動目標の作成」に基づいてキャリアデザイン基礎力を評価・育成してみましょう。

3．キャリアデザイン基礎力とコミュニケーション

3-1　コミュニケーションするときのポイント
①目的を明確にする（何のために伝えるのか）。
　⇒相手にどうしてほしいのか、どのように動いてほしいか、など。
　（例）・報告・連絡・相談（「ホウ・レン・ソウ」と略してよく使われる言葉）
　　　・交渉する、発表する、など
②伝えたい内容を明確にする（何を伝えるのか）。
　⇒ポイントを短く伝える（1分間：300字）。
③伝え方を工夫する、伝え方を選択する（どのように伝えるのか）。
　⇒結論を先に伝え、そのあとその根拠や具体的内容を伝える。

3-2　PREP法
　話を論理的に伝える技法の1つ。発信する際、文章にもプレゼンテーションにも使える。特に、意見や感想を述べるのに活用できる。
　伝える際は下記の②の理由と③の具体例がつながっていること、具体例に納得性があることがポイントになる。

Point

① 結論を伝える
皆さん、1日の終わりに日記をつけてみてください。

Reason

② 理由を伝える
というのも（理由は）、日記をつけることで日々、自己成長できるからです。

Example

③　②の理由を裏付ける具体例を示す
例えば（具体的には）、自分の1日の行動を振り返って、良かった点、改善点を書き出すことによって、新たな行動目標を日々立てることができます。また嫌なことがあった場合、それを文章にすることによってその日のストレスを発散することができ、明日から新たな気分で物事に取り組むことができます。

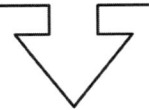

Point

④　①で伝えた結論を強調して繰り返す
以上のことから、1日の終わりに、日記をつけてみてください。皆さんが日々、自己成長できることを約束します。

<ワーク１>
　　自己紹介するために PREP 法で記述してみましょう。　記述後、R（理由）と
E（理由の具体例）がつながっているかをチェックしてください。

P（結論）

R（理由）

E（理由の具体例）

P（理由）

４．ディスカッションするときのポイント

４-１　ディスカッションとは

①討論・議論という意味。ビジネスシーンにおいて重要なコミュニケーション手法の一つ。ビジネスでは必要不可欠。ビジネスの成否に大きく影響を与える。

②単なる会話とは異なり、目的を持った意見交換を行うこと。あるテーマについて、自由に意見や情報を出し合いながら、より良い結論へと導いていく。

③参加者は自分の意見を述べるだけでなく、他者の意見を聴き、理解し合うことが求められる。

④目的、場所、相手、人数などによって、さまざまなバリエーションがある。
目的としては問題発見、問題解決、アイデアの創出を目的とすることが多い。

４-２　ディスカッションの種類

種類	具体例
グループディスカッション	参加者をグループ分けし、グループごとに結論を出す。主に企業の選考や研修に採用されている形式。
パネルディスカッション	パネリストと呼ばれる代表者を中心にして意見を出し合っていく形式。
問題解決型ディスカッション	なんらかの目的を達成するために、この問題点をどうすれば解決できるのか議論する。会社の会議の主である。
情報発散型ディスカッション	ブレストと呼ばれる。それぞれが意見やアイデアを発言し、その中からより斬新なアイデアを見い出す。

４-３　ディスカッションのポイント

（１）構成

①目的に合わせてテーマを決める。
②情報を収集する。
③アウトラインを考え、適切な構成法を決める。
④項目をつける。

（２）ディスカッションの進め方

①テーマを決める。
②役割分担と時間配分を行う。司会や書記、タイムキーパーなど決める
③事前に参考になりそうな情報や論点をまとめて整理しておく
④決定したテーマに対して、参加者がアイデアを出していく
⑤意見の共通点や相違を調整し、結果をまとめ結論を出す

（３）ディスカッションを成功させるコツ

①アジェンダ（取り上げるべき「議題・課題」「予定表」）を決めておく。会議で話し合うべき事柄。協議すべき事項。議題。それらから転じて、行動計画（将来実現可能な目標を明記したもの）を立てる。

②ファシリテーターを用意する。ディスカッションを円滑に進行してゴールに導く進行役。意見の対立や感情のぶつかり合いをコントロールし、目的達成のための議論を建設的に行う役割。ファシリテーターがいなければ、議論が明後日の方向に進み、消極的な参加者のアイデアが埋もれる。

③ディスカッションするにあたっては、自分の意見に対するエビデンスや背景、ストーリーなどを説明する。自身が体験したことを話すと聴き手側の解像度が上がり、説得しやすい。

5．ディスカッション力を高めるポイント

5-1　3つの「きく」

①聞く　意識せずになんとなく耳に入ってくる。

②聴く　意識して熱心に耳を傾け、相手の立場や気持ちも理解しようとする。

③訊く　質問する。自分が知りたいことを相手に尋ねて得ようとする。やりすぎると問い詰めるようになるので注意する。

5-2　傾聴力に必要な姿勢・態度

①相手の話について評価をつけずに受け止め、理解する。

・自分の考えと違っていても、その違いの理由や背景を確認する。

②相手から学ばせてもらっているという意識を持つ。

・相手に興味・関心を持って、相手が話したいことを引き出す。

③相手に対して「話しやすい雰囲気」を作り、安心感を与える。

・あいづち

「はい」「ええ」「そうですか」など。⇒許容的雰囲気ができる。

・アイコンタクト　目は心の窓とも言われ、非言語的コミュニケーションの大事な一つ。

・うなずき

「聴いていてくれるのだな」と相手が感じるなど、安心感を与える。

・笑顔

柔らかい表情によって許容的雰囲気ができる。

・伝え返し

相手の言葉をそのまま返すことで、相手は聴いてもらえている実感を持つ。

アメリカのコミュニケーション研究者であるアルバート・メラービアンは、コミュニケーションによる相手の印象は、93%がノンバーバル（非言語）表現に影響を受けると指摘した。

5-3　質問力

（1）質問の効果

さらに積極的に訊くために質問をする。質問によって、相手の話でわかりにくいところを問い返したり、話を広げたり深めたりできる。

⇒相手が自分の気持ちや考えを整理したり、探索したりすることにつながる。

（2）オープンクエスチョンとクローズドクエスチョン

①オープンクエスチョンとは、5W1Hを意識しながら相手の話を引き出す質問⇒相手は自由に話を広げられる。

（例）・5W1H（いつ、どこで、だれと、なにを、なぜ、どのように）
　　　・なにが一番楽しい（苦しい、好き、嫌い、重要、など）ですか？
　　　・それはどのように実行したのですか？
　　　・なぜやりたかったのでしょうね？
　　　・「具体的には？」「そのほかには？」「それから？」

②クローズドクエスチョン

　「はい」「いいえ」や、「○歳です」「○時です」など、一言で答えられるのがクローズドクエスチョン。話の導入部分や確認する際などには効果的であり、下記のようにオープンクエスチョンを組み合わせて使う。

A：スポーツに興味ある？（クローズドクエスチョン）
B：あるよ。
A：どんなスポーツ？（オープンクエスチョン）
B：バスケットだよ。
A：バスケットに興味あるのね（クローズドクエスチョン）
B：そうだよ。
A：興味を持ったきっかけは何なの？（オープンクエスチョン）

<ワーク２> 傾聴体験

ペアになって、話し手と聴き手になります。あとで役割チェンジをします。話し手と聴き手の両方を体験してください。

Ａ：話し手 ⇒相手にぜひ聴いてほしいという態度で、相手にわかるように一生懸命話してください。次のうちから話しやすいテーマを選びましょう。
　①大学生になってよかったこと
　②最近感動したこと

Ｂ：聴き手 ⇒相手の話に耳を傾けますが、態度を途中で変えます。質問はしないで、ひたすら聴いてください。

①はじめは悪い聴き手になってください。
　・なにも反応しない、目を合わさない、なにかをしながら聴く、など

②合図があったら、良い聴き手になってください。
　・あいづち、アイコンタクト、うなずき、笑顔

（１）話し手となったときに気がついたこと

（２）聴き手となったときに気がついたこと

（３）今後に活かすためにできること

＜ワーク3＞　オープンクエスチョン

　オープンクエスチョンを意識して質問の練習をしてください。ペアになって、インタビューする人とされる人になります。あとで役割チェンジをします。

Ａ：インタビューされる人　⇒インタビューする人の質問に沿って答えてください。答えは簡単にして、次の質問を待つようにしましょう。
　　インタビューしてほしいことは次のテーマから選び、相手に伝えてから質問を待ってください。
　　①大学、学部、学科を選んだ理由
　　②最近熱中していること

Ｂ：インタビューする人　⇒相手から話を引き出すようにして、相手の話を聴きます。相手が自由に話を広げられるようにオープンクエスチョンを意識して、話しやすい環境を作ってください。

質問例：5W1H（いつ、どこで、だれと、なにを、なぜ、どのように）
　　　　「具体的には？」「そのほかには？」「それから？」

（1）インタビューされて気がついたこと

（2）インタビューして気がついたこと

第4講　キャリアを理解する④

―働くことの意味―

<本講の目的>

「働くことの意味」について考え、自分の仕事観を形成するための必要な視点や考え方を理解する。

<事前課題>

　「働くこと」について、どんなイメージを持っていますか？　お手伝いや、職場体験・アルバイトの経験、家族の働き方などを踏まえて、仕事をどう捉えるか、自由に述べてください。

＜講義＞

1．「職業・仕事観」形成のための視点

1-1　職業・仕事の意味（目的・価値・意義）を考える
①どんな些細な仕事にもそれぞれの存在価値があると考える。
②自分の果たす役割を見つける。
③アルバイトや様々な活動などの実際の体験を通して、後述する「働くことの
　3つの意味」を参考に具体的に考える。
④職業・仕事の意味づけに正解はない。社会的規範に反しないかぎり、それ
　ぞれの主観で自由に考えることができる。

1-2　他者の生き方・働き方に学ぶ
①自分の殻に閉じこもらずに、様々な生き方や働き方をしている人に触れる機
　会を積極的に作り、広い視野から働くことを考える。
②周囲の人々に「職業・仕事観」についてインタビューする。

＜ワーク1＞　「三人の石切職人」

（1）　三人目の石切職人の言葉をあなたなりに考えて記述し、その理由を説明して
　　ください。

　　昔、一人の旅人が、ある町を通りかかりました。町では、新しい教会を建設して
いるところでした。建設現場では、三人の石切職人が働いていました。
　その仕事に興味を持った旅人は、一人目の石切職人に尋ねました。
　「あなたは、何をしているのですか」
　　その問いに対して、石切職人は、何を当たり前の事を聞くのだと、つまらなそう
な顔をして答えました。
　「お金を稼ぐために、この大きくて硬い石と悪戦苦闘しているのさ」

　　旅人は、二人目の石切職人に、同じ事を尋ねました。
　「あなたは、何をしているのですか」
　　その問いに対して、石切職人は汗を拭いながら、こう答えました。
　「国一番の石切職人になろうと思いながら切っているのです」

　　旅人は、三人目の石切職人に、同じ事を尋ねました。
　「あなたは、何をしているのですか」
　　その問いに対して、石切職人は、目を輝かせ、こう答えました。
　「　　　　　　　　　　　　　　　　　　　　　　　　　　　　　　　　」

（2）　三人の石切職人の態度や返答について何を感じましたか？　どの石切職人
　　に共感しますか？

２．働くことの３つの意味

２-１　生計維持
　①納税の義務を果たす。
　②自立して生活する。
　③家族を形成し、維持する。

２-２　自己成長
　①人間的に成長する（人間力）。
　②職務遂行能力（姿勢、知識、スキル）を高める。
　③経験を積む。

２-３　社会・他者とのつながり
　①社会・顧客の期待・ニーズに応える（社会貢献）。
　②働く仲間をサポートする（相互支援）。
　③自分の居場所をつくる（コミュニティ）。

３．働く動機づけ

３-１　外発的動機づけと内発的動機づけ
　「やる気」の源泉には、①外発的動機（＝自分の外側（他者）から与えられるもの）と②内発的動機（自分の内側から湧き起こってくるもの）がある。
　①と②は相互に作用して意欲（モチベーション）に影響を与えている。

	動機づけられる理由	感情
外発的動機づけ	目に見える報酬や任務が動機となる （例）・給料や賞与、昇進、名誉のため 　　　・試験のための勉強 　　　・それをやらないと叱られる 　　　・オフィスがかっこいい、など	負の感情が伴う 「しかたない」 「つまらない」 など
内発的動機づけ	心の満足感を得ることが目的。その行動自体が報酬となる。自己決定感や自己効力感を得られる。 （例）・好奇心から行動を起こす 　　　・知識や経験が身につき自己成長できる 　　　・仕事にやりがいや面白さを感じる 　　　・自分の技術を使うこと自体が楽しい 　　　・困っている人を救いたい、など	正の感情が伴う 「楽しい」 「面白い」など

＜ワーク２＞
　　自分の過去の選択・行動について、動機付けから考えてみましょう。

3-2　マズローの欲求５段階説

　人間の欲求は５段階のピラミッドのように構成されていて、低階層の欲求が満たされると、より高次の欲求を求めるという考え方がある（欲求段階説：アメリカの心理学者ブラハム・マズローによる）。

＜欲求５段階説＞

自己実現欲求：自分の持つ能力や可能性を最大限発揮しようとするもの。自己の成長を図りたいと思う欲求。

尊厳欲求：自尊と承認の欲求で、名声・権威・地位を得たい、尊敬されたい、有能でありたい、人に認められたいなどの、個人が主観的・客観的に自己をより高い位置におこうとする願望。自分が集団から価値ある存在と認められ、集団の中の一人ではなく、「あいつすごいな」と思われたい、みんなから尊敬されたいというような欲求。

社会的欲求：集団所属や愛情の欲求で、親和の欲求ともいわれる。身体的条件が満たされ人格が安定してくると、社会の一員として認められたい、人から愛されたいという願望が出てくる。

安全欲求：安全、安定、不安（恐怖）解消など、心配事なく安全に暮らしたいという欲求。生理的欲求が満たされた後に心理的な欲求として現れる。

生理的欲求：睡眠、休息、食欲、性欲など、人間が生きる上での根源的な欲求。日本の組織においては多くの場合問題にならない。

＜ワーク３＞

　欲求５段階説を学び、感じたことや考えたことを自由に話し合いましょう。

４．安定とは何か？

　人生 100 年時代では、50〜60 年働くことになる。一方、商工リサーチの調査結果（2023）では企業の平均寿命は 23.3 年という結果になっている。一つの企業で生涯を過ごせることが難しくなってきている。そのようなことから「新しい安定志向」が登場した。「自分自身のキャリアを安定させること」の目的や動機は「古い安定志向」と「新しい安定志向」とも同じであるが、下記のように働き方のデザインの方法は変わってきている。

古い安定志向と新しい安定志向

	古い安定志向	新しい安定志向
背景	長期雇用、年功序列による 2 ステップ人生	選択の回数が増えた人生
追求するもの	大きくて有名な会社に入社することでリスクを減らす	経験・知見・スキルを身につけることで選択権を保持する
重要な機会	就職	就職後の仕事や様々な活動
目的	職業人生から不確定性を減少させ、安定させること	職業人生から不確定性を減少させ、安定させること

出所：古屋星斗『会社はあなたを育ててくれない』大和書房，2024。

＜ワーク４＞
　上記の表について感じたことや考えたことを自由に話し合いましょう。また「新しい安定志向」につながるためにどう学び行動していくべきですか？

５．社会で働く上で必要な基礎学力（数的処理能力）

　働くにあたって多くの人が組織に所属することになる。組織とは「目的を達成するために構成するシステム」。例えば会社組織は利益を追求する団体であり、「数字」をコミュニケーションツールとして会議を行うことが多い。目標数字と現状の数字との差をどう埋めるかで発言を求められることが多いことから「数的処理能力」を持っていることが問われる。
　数的処理とは、一般に数的推理、判断数理、資料解釈に分けられるが、「数的処理能力」イコール「数学力」というわけではなく、必ずしも「数」と関係があるとも言えない。だれにでも備わっているが、質や量において大いに差があり、実際の仕事上の差になって現われる可能性があるため、就職基礎能力として重視されている。数的処理能力を磨くと、
①解決のための筋道を合理的・客観的に立てることができる。
②現状や目標が明確になり、目標達成の筋道を具体的に考えることができる。
③意思決定のスピードを上げることができる。
ここでは、5 つの例題を通して自己の能力を確認する。

5-1　規則性の推理

> **例題1）** ある法則によると，静岡は「3H7H0J4I」，山形は「4C4D9I4G」と表されるという。「3J9E4B3I」は次のうちどれを表すか？
>
> (1) 鹿児島　　(2) 長崎　　(3) 宮崎　　(4) 茨城　　(5) 神奈川

　正解するには「ある法則」を推理しなければならないが、必要な知識は日本語のローマ字表記と50音表だけである。

　規則性を推理することは、実は人間の基本的な能力の1つである。日常生活は規則性の推理の連続とさえ言える。例えば、人は他人との交流において、人の言葉遣いの特徴、行動パターン、好みの傾向などをそれとなく推理している。プレゼントをするとき、その人の欲しい物を上手に推理できると喜ばれるように、推理に成功すると物事はスムーズに運ぶが、失敗すると支障をきたす。

5-2　図や表で表現する

> **例題2）** 次の4種類の3角形の関係を表現する図を描き、直角2等辺3角形の位置を示しなさい。
>
> 正3角形　　2等辺3角形　　直角3角形　　その他の3角形

　自分の言いたいことを、図や表にしてわかりやすく表現することも「数的処理」の重要なテーマである。

　正確な文章よりも図や表に表した方がよくわかることも多い。また、図は概念の関係を理解するのに有効な手段である。例えば、ある法律の適用される範囲を正確に判断するのに役に立つことがある。この能力はプレゼンテーションの技術ともつながる（言語による表現ではないところから「非言語分野」と呼ばれることがある）。

5-3　普段から数値への関心を

> **例題3）** アナウンサーが、「今年のクイズ正解率は61%でした。昨年の55%より6ポイント上昇しました」と報道することがある。なぜ「6%上昇」ではなく「6ポイント上昇」と言うのか、推理しなさい。

　昔から「読み書きソロバン」と言われているように、加減乗除の計算を間違えずに手際よくできる能力は基本である。

5-4　論理的推理

> **例題4）** 「学生はみな幸福である」という命題の否定を述べよ。
>
> **例題5）** 「紅茶の好きな人はコーヒーが好きである。緑茶の好きな人はウーロン茶が好きで、かつ紅茶も好きである」が正しいと仮定するとき、次の中で正しいのはどれか。
>
> 　　a. ウーロン茶が好きな人はコーヒーが好きである。
> 　　b. 緑茶が好きでない人はコーヒーが好きでない。
> 　　c. 紅茶が好きでない人はウーロン茶が好きでない。
> 　　d. コーヒーが好きでない人は緑茶が好きでない。
> 　　e. コーヒーが好きでない人はウーロン茶が好きでない。

一般的な注意や教訓を人から教わることは大切だが、その大切さが身に滲みてわかるためには、いくつか具体的な事例に触れる必要がある。自分のできない問題を見つけたら自己開発のチャンス。すぐに解答を見ずに、徹底的に考えてその原因を自覚することを勧める。

〈各例題の解答は「参考資料」pp. 177-178 を参照〉

６．ライフキャリアデザインと金融リテラシー（家計管理と生活設計）

（１）　人生の３つの時期

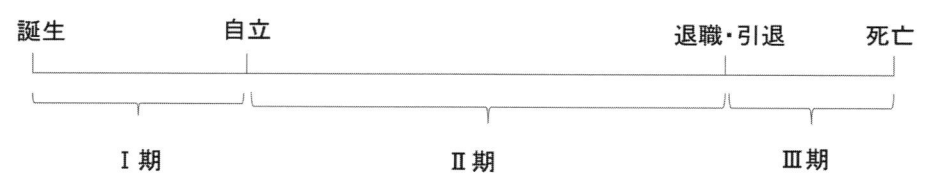

　Ⅰ期：親などの保護者に「養ってもらう」時期
　Ⅱ期：自分で収入を得て「自立」し、「貯蓄」し、子などを「養う」時期
　Ⅲ期：それまでの貯蓄、年金、利子・配当などを「使う(取り崩す)」時期

＜成年年齢 18 歳に引き下げ＞

　民法が改正され、2022 年 4 月から成人になる年齢（成年年齢）が 18 歳に引き下げられる。成人年齢が 18 歳になっても、飲酒や喫煙、公営競技（競馬、競輪等）に関する年齢制限は 20 歳のままであるが、「携帯電話を契約する、部屋を借りる、クレジットカードを作る、ローンを組むといった契約」が本人名義で可能になる。これまで未成年者は民法で定められた「未成年者取消権」によって守られてきたが、成人年齢引き下げによってこの「未成年者取消権」が使えなくなり、本人が契約に責任を負うことになる。安易に契約を交わして、消費者トラブルに巻き込まれないように「契約や消費者保護の仕組み」について十分な知識を持つことが求められる。

　そのほか、成年年齢引き下げによって、親権に服することがなくなる結果、自分の住む場所、進学や就職などの進路について、自分の意思で決めることができるようになる。さらに民法の成年年齢は、民法以外の法律において各種の資格を取得したり、各種行為をしたりするための必要な基準年齢とされていることから、例えば、10 年有効パスポートの取得や、公認会計士や司法書士などの国家資格に基づく職業に就くことが可能となる。

（2）人生の「3大費用」

①人生にはいろいろなお金がかかるが、「教育」、「住宅」、「老後」が人生の3大費用といわれる。さらに、場合によっては「医療」も大きな費用になる。

②人生は長くなっているので、「Ⅱ期」の収入・貯蓄を増やすこと、「Ⅱ期」で長く働くこと、「Ⅱ期」と「Ⅲ期」のお金の管理・運用をうまく行うこと、などが課題になり、その能力が必要になる。

（3）各年代の主なライフイベントと費用の例

年齢	ライフイベント例	およその費用
20代	就職活動	約14万円 ・大学の所在地と異なる場所で就職活動する場合、交通費・宿泊費が負担になる場合もある
30代	結婚式	約355万円 ・入籍のみなど、お互いの価値観で出費額は大きく変わる。
	出産	約51万円 ・「出産手当金」など公的制度を利用すれば出産費用は抑えられる。
40代 50代	住宅購入(新築)	建売：約3,442万円　マンション：約4,437万円 ・購入費のほかに、税金や登記費用、維持・管理、修繕費などが発生する。
	教育(子供一人)	約1,033万円 ・小学校～高校：公立、幼稚園、大学（文系）：私立 ・学校教育費のほかに、塾や習い事の費用も含む。
60　代 ～	老後の生活 (1カ月、夫婦二人)	約26万円 ・60歳退職の場合、5年間は年金収入がないので計画的な家計管理が必要。
	介護(1カ月)	約17万円 ・介護施設に入居する場合は、契約金などまとまったお金が必要。
	緊急資金(3カ月～1年分) ・1カ月の生活費が20万円の場合	約60～240万円 ・病気やケガで働けなくなったときや、急な失業など緊急時のための費用。

出所：金融庁「基礎から学べる金融ガイド」より作成。

<参考>人生の分かれ道になる収支管理

　月々の収支が黒字（収入＞支出）であれば貯蓄ができる。黒字が続けば貯蓄は増え、利子などが付くことで貯蓄はさらに増える。赤字（収入＜支出）であれば借金で補うことができる。だが、借金には通常高い利子が付くので赤字は一層増える可能性がある。収支を黒字化できるかどうかは、人生の大きな分かれ道になる。

（１）お金を貯める（運用する）

　①お金を運用するには、預金、債券、株式などの金融商品を選択しなければならない。その時、リスクとリターンの関係を理解しておく必要がある。リターンとは、お金を運用した結果得られるもののことで、利益が得られる場合も損失が出ることもある。リスクとは、リターンの不確実性の大きさや、損失が発生する可能性のことをいう。

　②高いリターンを得ようとするとリスクも高まり（ハイリスク・ハイリターン）、リスクを低く抑えようとするとリターンも低下する（ローリスク・ローリターン）。「リスクなく高いリターンを得る」ことはできないが、「リスクを高めれば必ずリターンが高まる」わけではない。リスクをとりすぎず、「おいしい話」はきっぱり断ること、が必要だ。

　③リスクとリターンの関係を、金融商品に即して整理すると、右図のイメージである。

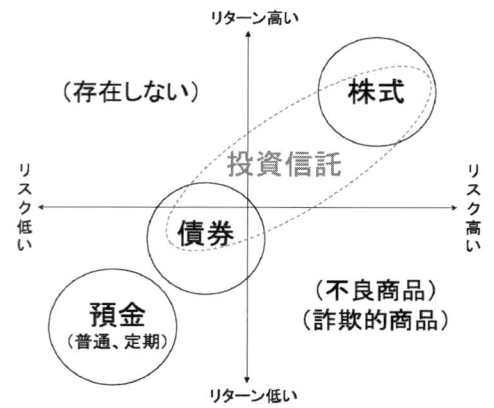

（注）投資信託は、多くの人のお金を専門家がまとめて債券や株式で運用し、成果を分配するもの。

　　・金利が上昇すると、債券（国債、社債）の利回りも上昇し、債券の価格は下落する。

　　・株価はその企業の業績（特に利益）の影響を大きく受け、また企業業績は景気や経済成長の影響を受ける。

　　・預金は、インフレ（物価の上昇）が起きるとその購買力が低下し、デフレ（物価の下落）が起きると購買力は上昇する。株式は、預金に比べてインフレに強い金融商品と位置付けられるのが一般的だ。

（２）お金を借りる

　①ものを買うとき、「お金を借りて買う」という選択肢もある。お金を借りる場合、今後働いて得る収入の中からお金を返せるかどうか、よく考える必要がある。

　②お金を返さないことを「延滞」というが、延滞が続くと「個人信用情報機関」に延滞情報が登録され、その後のクレジットカードやローンの利用に支障が出る。

（３）損失にそなえる（保険をかける）

　①人生は不確実で、病気、死亡、財産の喪失など、さまざまなリスクがある。リスクが現実になったとき損失が発生する。貯蓄ではそれをカバーしきれないが、保険をかけて、保険料を払っていれば、損失を賄うお金がすぐに確保できる。

　　※困った時の相談窓口として、消費者ホットライン（0570−064−370）、金融庁の金融サービス利用相談室（0570−016−811）などがある。

第5講　環境を理解する①

—会社・組織の在り方を知る—

<本講の目的>
　会社・組織の在り方を理解する。企業規模・形態について理解したり、AI によってどのような影響があるのか理解したり、企業、組織の今後についてイメージできるようになる。

<事前課題>　会社組織の理解

(1)　皆さんが現在、着ている服は、皆さんの手に届くまでにどのような企業が関わっていると思いますか？　空欄に記入してください。

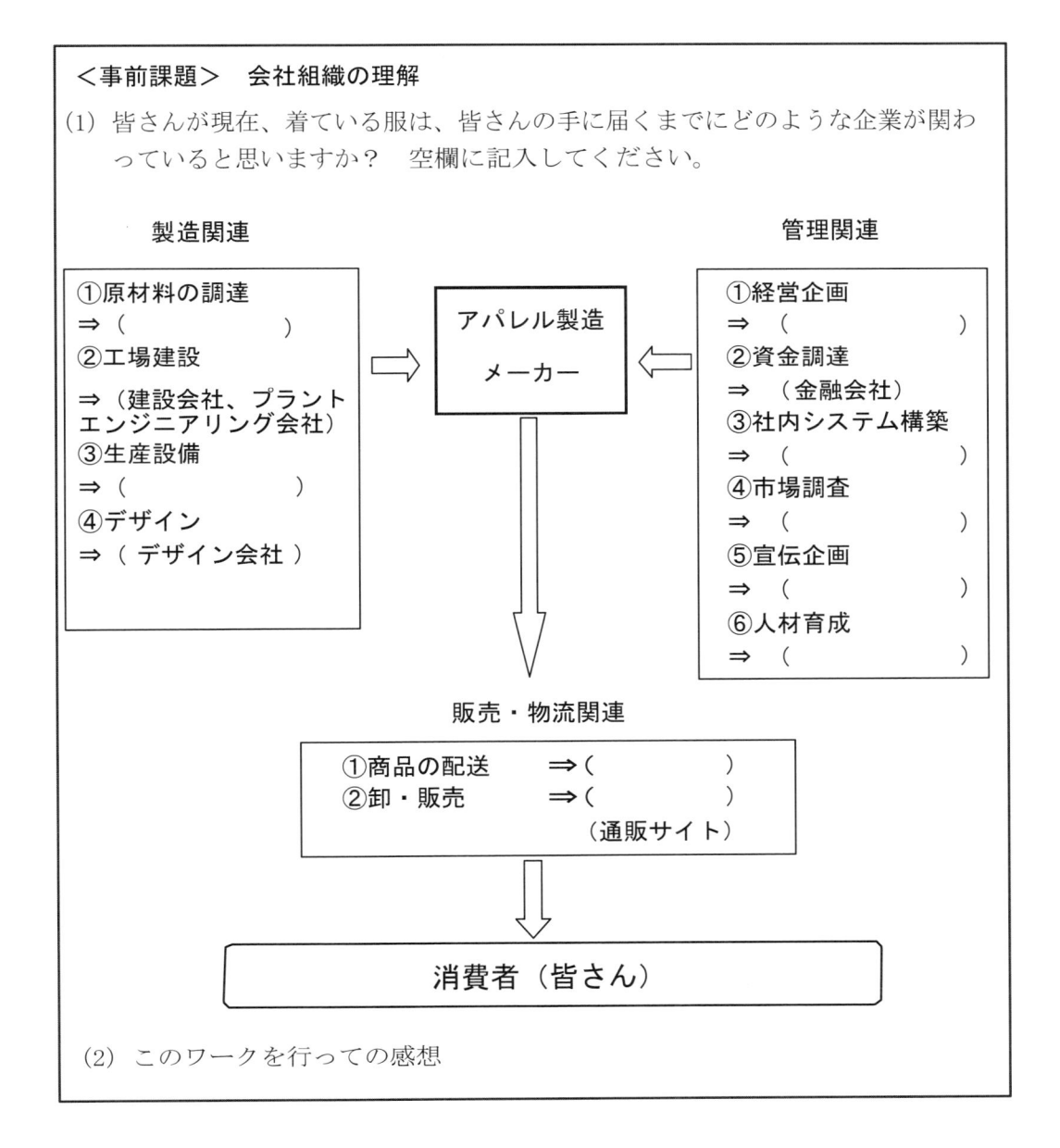

製造関連

①原材料の調達
⇒ （　　　　　　　）
②工場建設
⇒ （建設会社、プラントエンジニアリング会社）
③生産設備
⇒ （　　　　　　　）
④デザイン
⇒ （　デザイン会社　）

アパレル製造メーカー

管理関連

①経営企画
⇒ （　　　　　　　　）
②資金調達
⇒ （金融会社）
③社内システム構築
⇒ （　　　　　　　）
④市場調査
⇒ （　　　　　　　）
⑤宣伝企画
⇒ （　　　　　　　）
⑥人材育成
⇒ （　　　　　　　）

販売・物流関連

①商品の配送　　⇒（　　　　　）
②卸・販売　　　⇒（　　　　　）
　　　　　　　　（通販サイト）

消費者（皆さん）

(2)　このワークを行っての感想

<講義>

１．企業の理解

１-１　企業とは

①営利を目的とした経済活動を行う経済主体のこと。経済単位。

②大きく公企業と私企業に分けられる。公企業は、国か地方公共団体が保有している企業（いわゆる公務員）であり、私企業はそれ以外を指す（いわゆる民間）。企業というと一般的には私企業を指す。

③私企業は、法人と言われる会社形態のもの（株式会社、合名会社、合資会社、合同会社）と組合形態のもの、そして個人企業（個人商店、個人事業主など）に分けられる。

④令和３年６月１日現在の企業等の数は368万企業、民営事業所数（「以下「事業所数」と表記する）は516万事業所、従業者数は5795万人となっている。なお、国・地方公共団体を含めると、事業所数は529万事業所、従業者数は6243万人となる。

　会社企業について、資本金階級別に企業の数をみると、「資本金1000万円未満」が104万企業（資本金階級別の合計に占める割合は59.3％）と最も多く、階級区分が最も高い「資本金１億円以上」は３万企業（同1.7％）となっている。（総務省統計局、令和５年６月27日発表）

⑤令和３年調査の企業等数の368万企業を経営組織別にみると、「法人（会社以外の法人を含む）」が207万企業、「個人経営」が162万企業（43.9％）である。また売上高でみると、全体の1693兆円のうち「法人」の売上高は1668兆円、「個人経営」は25兆円（1.5％）となっている。

１-２　中小企業とは

業種	中小企業基本法の定義		うち小規模事業者	法人税法による定義
	中小企業者			
	資本金または従業員		従業員	資本金
製造業	３億円以下	300人以下	20人以下	1億円以下
卸売業	1億円以下	100人以下	5人以下	
サービス業	5,000万円以下	100人以下	5人以下	
小売業	5,000万円以下	50人以下	5人以下	

1-3　大企業と中小企業

主な項目	大企業	中小企業
企業数（2016）	約1万社（0.3％）	約358万社（99.7％）
従業者数（2016）	約1,459万人（31.2％）	約3,220万人（68.8％）
経営者	定期的に交代、社員にとっては遠い存在	オーナー社長が多い、経営への影響力大、社員にはより身近な存在
安定性・将来性	相対的に高いが一概に言えない	相対的に低いが、一概に言えない
業務	分業化・細分化されている、仕事を任されるまで時間がかかる	1人で何役も担当することが多い、仕事をすぐ任されることが多い
初任給	相対的に高い	相対的に低い
人間関係	中小企業に比べるとドライ、派閥が存在する場合もある	アットホームなところや、経営者の個性に影響されることが多い
教育訓練	制度が充実している	ＯＪＴ中心、人材・予算に制約が多い
組織・社内規定	よく整っているところが多い	ばらつきが大きい

1-4　中堅企業

　2024年「中堅企業元年」とし、企業の分類に「中堅」を新設。成長意欲のある中堅企業に対する成長支援を強化すると政府は発表した。中堅企業とは中小企業者を除く、常時使用する従業員の数が2000人以下の企業と定義している。

　中堅企業は従業員数や給与の伸び率が高く、地方の雇用創出の中心的役割を担っている。

　大企業は大都市圏に集中し、国内事業よりも海外事業を拡大させてきた。中堅企業は地域経済をけん引する存在として位置付ける。経済産業省は、賃上げや国内投資の後押しを行い、国内経済の持続的な成長につなげることを見込んでいる。

1-5　BtoCとBtoB

（1）BtoC（Business to Consumer）

　企業と消費者間の取引。消費者向けに営業、販売しているので、広告も多くしており知名度が高い。
具体的には、食品、飲料、自動車、家電、旅行、生命保険、銀行などの業界。

（2）BtoB（Business to Business）

　企業間の取引。法人向け営業が主なので広告はしない企業が多く、一般消費者にはなじみがない企業が多い。しかし、市場規模は大きくBtoCの10倍以上。

　たとえば、自動車は約3万個の部品からできているが、多種多様な部品メーカーはすべてBtoB（エンジン鋳造・組立、プレス、溶接、プラスチック、塗装、シート、オーディオなど）。

BtoCとBtoBの違い

	BtoC	BtoB
取引相手	人	人、組織
購入決定者	個人	複数
購入決定要因	安い、早い、扱いやすい等	信頼、必要性、購入後のケア
単価	比較的安い（数百万円以下）	高い（数百万円～数億円）
広告宣伝の影響	大きい	小さい
市場規模(2019)	19.4兆円	353兆円
安定性	相対的に低い	相対的に高い

※市場規模は電子商取引（ＥＣ）の市場規模（経済産業省推計）

<ワーク1>
　大企業と中堅企業と中小企業、ＢtoＣとＢtoＢで働くメリット・デメリットについて、話し合ってみましょう。

２．官公庁（公務員として）で働く

2-1　公務員とは

①国家公務員（中央省庁、各機関）と地方公務員（都道府県庁、市役所、町村役場、警察署、消防署）に大別される。

②公務員は、憲法第 15 条によって「全体の奉仕者」として規定され、公共の利益のために勤務し、その職務の遂行にあたっては、公正中立に、かつ最大の能力を発揮することが求められる。

③公務員には身分保障があり、その任免は民主的に行われる。「国家公務員法」や「地方公務員法」によって規定されている。

④採用にあたっては、公開平等の試験で、もっぱら能力のみに基づいて任用することが定められている。受験に際しての「資格」は主に年齢となる。

⑤令和２年度において、公務員の数は約333万人。そのうち約59万人が国家公務員、約274万人が地方公務員。

2-2　主な採用区分（大卒程度）

＜国家公務員＞	
総合職	主として政策の企画立案等の高度の知識、技術または経験等を必要とする業務に従事。
一般職	主として事務処理等の定型的な業務に従事。
専門職	特定の行政分野に係る専門的な知識を必要とする業務に従事。試験の種類として法務省専門職員、外務省専門職員、国税専門官、労働基準監督官などがある。
その他（特別職）	裁判所職員、衆議院事務局職員、参議院事務局職員、防衛省専門職員などの職種がある。
＜地方公務員＞	
事務系	本庁や出先機関において、庶務、経理、政策の企画・立案などを担当。
技術系	電気・機械・土木・建築などの専門知識を活かした職務に従事。
警察官	採用は各都道府県単位で行われ、他の職種とは別に採用試験を実施。
消防官	採用は市町村単位で行われる。（東京消防庁は都単位）

3．NPOで働く

3-1 NPOとは
①NPOとは、英語の「Non-profit Organization」の略語。日本語に訳すと「民間非営利団体（組織）」。
②NPOの目的は、民間企業や行政のサービスを補完したり、行き届かないニッチ（すき間）の事業を実施したりすることによって社会ニーズを満たすこと。
③NPOの使命は、今ある社会資源（施設や機関など）を有効に使い、新たな社会資源や人的資源を育成したり、作り出したりすることによって、社会をより良くしていくこと。

3-2 NPOの調べ方
NPO法人（全国で約59,300法人、2021年2月現在）を検索するには、内閣府「NPO法人ポータルサイト」で全国のNPO法人が閲覧可能。

4．起業（創業）する

4-1 起業とは
新しく事業を始めること。事業とは、生産や営利など一定の目的を持って継続的に、組織・会社・商店などを経営すること。または大きく社会貢献するような仕事。「従来にない新種の事業を起こす」という意味で近年は使われる場合も多い。

4-2 創業支援の公的相談窓口等（中小企業庁、中小企業振興公社）
①都道府県等中小企業支援センター（都道府県、政令指定都市）：弁護士などの専門家や経験豊富な企業経営の経験者が企業の設立準備に関する問題や経営向上のための相談を受け付けている。
②地域中小企業支援センター（全国約215カ所：商工会議所、商工会等）：会社経営の課題について相談を受け付けている。
③東京都中小企業振興公社 学生起業家育成支援事業：学生が企画したビジネスプランを競う「学生起業家選手権」を開催。優秀なプランに対して創業のサポートを行う。

＜専大ベンチャービジネスコンテスト＞
①専修大学では「専大ベンチャービジネスコンテスト」を開催。
②ビジネスモデルやベンチャービジネスプランの内容の面白さを競う。
③企画書の書き方などを解説する講座を実施。
④書類審査・プレゼンテーションを経て入賞作品を決定。

5．ブラック企業

　ブラック企業とは、①労働法やその他の法令に抵触し、またはその可能性があるグレーゾーンな条件での労働を、意図的・恣意的に従業員に強いている企業、②パワーハラスメントなどの暴力的強制を常套手段として従業員に強いる体質を持つ企業や法人（学校法人、社会福祉法人、官公庁や公営企業、医療機関なども含む）。（出典：ブラック企業大賞）

　ブラック企業対策プロジェクト（2013）は特に気をつけて確認してもらいたいポイントとして「新規学卒社員の3年以内の離職率3割以上」「過労死・過労自殺を出している」「短期間で管理職になることを求めてくる」「残業代が固定されている」「求人広告や説明会の情報がコロコロ変わる」としている。

　ブラック企業が生まれる背景として「失われた30年」といわれる成長しないデフレ経済や、グローバル化、少子高齢化、人手不足などが影響している。日本的雇用関係の継続も大きいと言われている。
　また、産業の構造的な問題で、どうしても利益を出すのが難しい業種というものが出てくる。商品の差別化が難しく、仕方なく低価格で提供しなくてはならず、企業は生き残りをかけてコストカットに全力をあげてきた。その中で、労働者への皺寄せが起こり、長時間労働や労働環境の悪化が放置されてきたからである。

　ブラック企業が無くならない理由として「会社や上司から言われたことは絶対従わなくてはならないという思い込み」「一社に過度に依存し働き続けなければならない」「日本人は真面目で責任感が強いから」などがあげられる。

　そのためには「職場からいつでも逃げられる準備をしておくこと」。将来的に転職する、しないに関わらず、転職サイトに登録だけでもしておくことを薦める。逃げ道があると精神的に楽になるし、ストレスが限界に達してから遅すぎるからが理由にあげられる。

> **＜ワーク2＞**
> 　ブラック企業と思われる業界・業種・会社をあげてみてください。なぜそのように感じたのかを自由に話し合いましょう。具体的な事例や（自分の周りも含めて）被害を受けたことがあれば、みんなに共有しましょう

6．AI による影響はどうなるのか

　2015年に発表したオックスフォード大学などの調査結果では、AI によって今後10〜20年の間で約半数の仕事が消える可能性があるとしている。

AIの進化によって、「人件費などのコスト削減につながる」「人手不足が解消される」「顧客満足度の向上ができる」「生産性が向上される」「利便性が向上する」などの利点がある。働く人はうまくAIとつきあっていくことが求められるだろう。

AIが得意な仕事は、「ルールに基づいて行う作業」「同じ作業を繰り返し行う作業」「同じ手順で行う作業」などがある。

AIが代替できない仕事は「人をケアする仕事」「状況で判断が必要な仕事」「価値などを生み出す仕事」「説得・交渉」「人材育成」「動物を飼う」などが挙げられる。AIが得意不得意とする仕事を見定め、働き方を変える、キャリアデザインを行っていくことが必要だろう。

今後社会人になるにあたって、「デジタルリテラシー」「プログラミングスキル」「コミュニケーション能力」「問題解決能力」などが重要となる。今後は、言語を使った対話や問いを立てる力、仮説を立てる力などが必要と言われている。

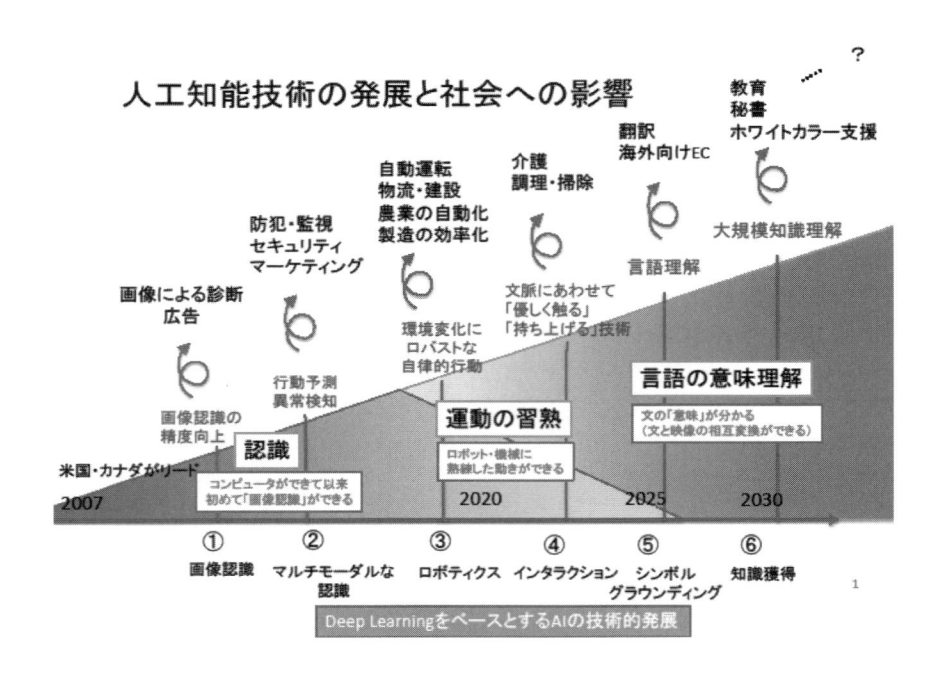

出所：内閣府『人工知能技術の発展と社会への影響』

＜ワーク3＞

あなたが働くにあたりAIの影響を受けないように気をつけることはなんでしょうか？　なぜそのように感じたのかを自由に話し合いましょう。

第6講　環境を理解する②

—雇用・働き方を知る—

<本講の目的>

　若年者を取り巻く雇用環境を理解する。雇用形態・採用の多様化、正社員と非正社員の違いを理解し、働き方をイメージできるようになる。

<事前課題>　求人倍率、完全失業率の推移

・下記のグラフからどのようなことが言えるでしょうか？
・景気との関係はどうでしょうか？

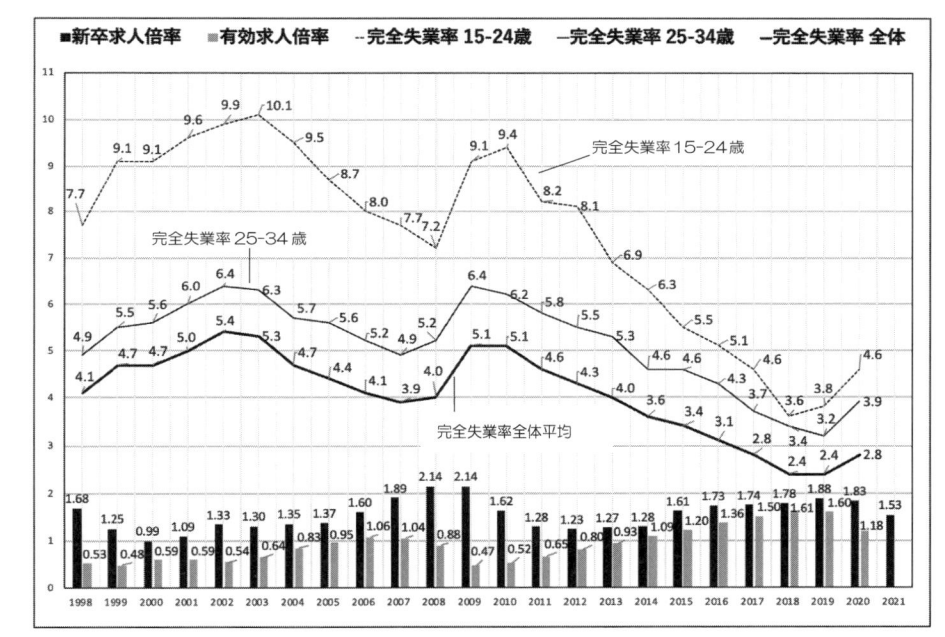

　出所：「ワークス大卒求人倍率調査」（リクルートワークス研究所）、「労働力調査」（総務省）、「一般職業紹介状況」（厚生労働省）をもとに作成。

・求人倍率（倍）：求職者（学生）1人に対する企業の求人数（求人数/求職者数）　1＞求人倍率：買い手市場、1＜求人倍率：売り手市場
・完全失業率（%）：労働力人口に占める完全失業者の割合
・有効求人倍率：企業からの求人数（有効求人数）を公共職業安定所（ハローワーク）に登録している求職者（有効求職者数）で割った値。パート職を含んでいる。
　　　　　　　　「有効」とは求人・求職は2カ月間の「有効期間」があり、新規求人倍率と区別するために使われている。
・新卒求人倍率：リクルートワークス研究所が毎年3月卒業予定の大学生および大学院生に対する、全国の民間企業の採用予定数の調査、および学生の民間企業への就職意向の調査から、大卒者の求人倍率を推計し、算出。

＜講義＞

1．雇用環境の概要

1－1　若年者（15〜34 歳）の雇用状況

①完全失業率（労働力人口に占める完全失業者の割合）

・全体平均の 2.6％ と比較して、「15〜24 歳：3.8％」、25〜34 歳：3.4％」（総務省「労働力調査」、2023 年）と相対的に高い傾向にある。要因としては企業と求職者の能力やニーズのミスマッチによる構造的な問題がある。

・15〜24 歳の失業率の世界平均　13％（ＩＬＯ推計、2023 年）と比較すると日本の失業率は相対的に低い。要因として、職業能力の有無にかかわらず採用する「新卒一括採用システム」の雇用慣行があげられる。

②フリーター・無業者（「参考資料」p.179、図表 1・2 参照）

・フリーターとは「15〜34 歳の男性または未婚の女性（学生は除く）で、パート、アルバイトとして働く者またはこれを希望する者」。

・2014年から減少傾向となり（2021 年コロナの流行で前年比増加）、2023 年は134 万人となった。

・無業者とは「15〜34 歳の非労働力人口のうち、通学・家事を行っていない者」。

・ここ 10 年は 60 万人前後で推移し、人口比率は 2％前半台となっていたが 2023年には 59 万人（15〜34 歳の労働人口の 2.4％）であった。

＜就業状態の全体像＞

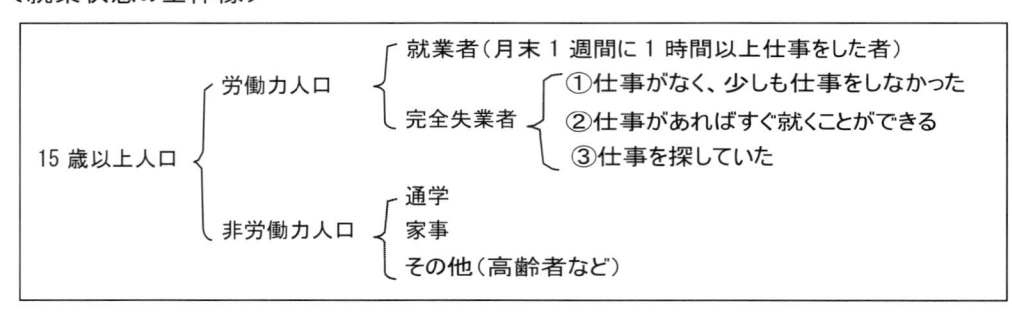

1－2　若年者を取り巻く雇用環境

（1）企業の要因

①景気動向

・業績悪化による新規採用の抑制、内定取り消し、整理解雇。

②高齢者継続雇用の法制化

・高齢者雇用による若年者雇用の縮小。

③少子化

・若年労働力の不足による人材ニーズの高まり。

④グローバル化
　・生産拠点の海外移転による国内雇用機会の縮小。
⑤中途採用の活発化
　・人材不足による中途採用数の増加（全体採用予定数の半数近く）
　・DX など変革を推進するための即戦力人材の確保

（２）若年者の要因

①入社3年以内の離職率（「参考資料」p.180、図表3参照）
　・入社3年以内の離職率は「七五三現象」と呼ばれ、概ね「中卒7割、高卒5割、大卒3割」となっている。
　・厚生労働省の「若年者雇用実態調査」（2013）によれば、若年者が「初めて勤務した会社をやめた理由」の上位4つは「労働時間・休日・休暇の条件がよくなかった」、「人間関係がよくなかった」「仕事が自分に合わない」、「賃金の条件がよくなかった」となっている。

②就職活動におけるミスマッチ（「参考資料」p.180、図表4参照）
　・従業員規模では「中小企業」よりも「大企業」に応募する傾向がある。
　・業種では「流通・建設業」よりも「金融、サービス・情報業」に応募する傾向がある。
　・大企業は厳選採用している。（新卒インターンシップに来てくれた学生の優遇、中途採用者数の大幅増）

③能力・ニーズによるミスマッチ
　・企業が求めている人材像と応募する人材のニーズ・能力がマッチしない。
　・厚生労働省の「若年者雇用実態調査」（2013）によれば会社が若年正社員の採用選考にあたり重視した上位4つは「職業意識・勤労意欲・チャレンジ精神」「コミュニケーション能力」「マナー・社会常識」「組織への適応性」となっている。

＜ワーク1＞
　雇用環境の概要の講義を受けて、グループで自由に意見を共有しましょう。

---

2. 雇用形態の多様化

2-1　雇用形態の種類

正社員	直接雇用	正社員	雇用している労働者のうち、雇用期間を特に定めていない者をいう。
非正社員	直接雇用	パートタイマー	1日の所定労働時間ないし1週の所定労働日数が正社員より短い者。1カ月以上雇用される場合が多いが、中には雇用期間に定めのない者もいる。
		アルバイト	定義としてはパートタイマーと変わらないが、学生など本業のある者が片手間にやる。パートタイマーより、短期的、スポット的に雇用されるケースが多い。
		契約社員	専門的職種に従事させる目的で契約に基づき雇用し、雇用期間の定めのある者。
		嘱託	有期契約の準社員や特殊な技能をもつ社員として雇用される者をいう。定年後の再雇用社員を呼称する場合にも使われる。
	間接雇用	派遣労働者	労働者派遣法に基づいて、派遣元の企業（派遣会社）から派遣され、派遣先の会社に使用される者。大きく「登録型（一般労働者派遣）」と「常用雇用型（特定労働者派遣）」に分かれる。「登録型」とは、派遣会社にスタッフとして登録しておき、必要とされる期間だけ雇用される形態。「常用雇用型」とは、派遣会社に常用労働者として雇用され、派遣される形態。
		請負	就労先の企業の社員にならない働き方。委託者より特定の業務を委託され、他人の指揮命令下に入らず自己の道具を使い、委託者に特定の業務を提供する契約（民法第656条）を結び、仕事をする者、あるいは業務請負を業とする会社に雇用され、委託先において仕事をする者をいう。

<参考>　改正有期労働契約法

　　有期労働契約（パート、アルバイト、契約社員等）の反復更新の下で生じる雇止めに対する不安を解消し、働く人が安心して働き続けることができるようにするため、労働契約法が改正された。（平成 25 年 4 月 1 日施行）

　　①無期労働契約への転換　<u>有期労働契約が反復更新されて通算 5 年を超えたときは、労働者の申込みにより、期間の定めのない労働契約（無期労働契約）に転換できる。</u>

　　②「雇止め法理」の法定化　最高裁判例で確立した「雇止め法理」が、そのままの内容で法律に規定。一定の条件に該当する場合には、使用者による雇止めが認められないことになる。

　　③不合理な労働条件の禁止　有期契約労働者と無期契約労働者との間で、期間の定めがあることによる　不合理な労働条件の相違を設けることを禁止する。

<ワーク2>

　　直近の「労働力調査」（雇用形態別雇用者）を確認し、以下の空欄を埋めましょう。

・雇用者全体に占める正規の職員・従業員の割合は約（　　　　）％。男性のみだと約（　　　　）％だが、女性のみだと約（　　　　）％になる。

・雇用者全体に占める非正規の職員・従業員の割合は約（　　　　）％。男性のみだと約（　　　　）％だが、女性は約（　　　　）％になる。

・非正規の職員・従業員のうち、男性で一番割合の高いのは（　　　　）で約（　　　　）％、女性で一番割合の高いのは（　　　　）で約（　　　　）％である。

2-2　正社員と非正社員

（1）正社員と非正社員の違い

	正社員	非正社員
拘束度	概ね高い	概ね低い
職務内容	概ね基幹業務、コア業務、企業経営に携わる人が多い	概ね定型業務、専門業務、周辺業務に携わる人が多い
処遇　賃金（手当、賞与）、福利厚生、年次休暇、教育研修など	概ね非正社員より充実	概ね正社員におとる

＜平均賃金＞

	男性		女性	
	正規	非正規	正規	非正規
①所定内給与額	36万1,500円	23万4,800円	26万9,400円	18万9,100円
・正規：非正規	(100)	(66.8)	(100)	(70.2)
・男性：女性	(100)	(100)	(76.6)	(80.5)
②生涯賃金（大学・大学院卒）	2億7,000万円	1億5,000万円	2億2,000万円	1億2,000万円
・正規：非正規	(100)	(55.5)	(100)	(54.5)
・男性：女性	(100)	(100)	(81.4.)	(80.0)

所定内給与額：決まって支給する現金給与額（1カ月）のうち時間外、深夜勤務、休日出勤等の手当を差し引いた額。
出所：厚生労働省「令和元年　賃金構造基本統計調査」。
生涯賃金：学校卒業後、60歳まで勤務した場合の生涯賃金（退職金を含めない）。「賃金構造基本統計調査」による年齢階級別の統計を用いて推計。
出所：労働政策研究・研修機構「ユースフル労働統計 2020」。

（2）企業が非正社員を採用する理由

- 安い賃金で雇える
- 景気変動や仕事の繁閑によって雇用量を調整できる
- 正社員が雇えないのでその代替にする
- 即戦力がほしい　など

＜ワーク3＞
　正社員と非正社員の講義を受けて、自由に感想を述べましょう。

４．採用の多様化

　正社員の職務内容、勤務地、労働時間などを限定した限定正社員の採用を行っている企業も増えている。

（１）職種（事業・部門）別採用

　①入社後に配属する職種、事業や部門をあらかじめ決めて採用する制度。

　②職種は事務職（人事、経理、営業等）、技術職（研究開発、技術開発）、現業職（生産、販売、運輸・通信、保守、サービス等の直接業務に従事する職種）など。事業や部門別に採用する場合は、職種別よりも従事する仕事が幅広くなる場合もある。

（２）勤務地域限定採用

　①入社後に勤務する地域をあらかじめ決めて採用する制度。

　②地域区分は企業によって様々。全国的に事業展開する企業の場合は入社後、数年間だけの場合もある。

（３）コース別雇用管理

　①概要

　　コース別雇用管理は職務の内容、遠隔地転勤の有無、昇進・昇格の有無、教育訓練の有無など労働・雇用条件の異なるコースを複数設定し、コース別に募集・採用・配置・処遇する制度。上記の職種別採用や勤務地域限定採用を伴って行われる。

　②コース区分

　　・「平成26年度コース別雇用管理制度の実施・指導状況」によると、総合職採用者の女性割合22.2%（男性77.8%）、一般職採用者の女性割合は82.1%（男性17.9%）となっている。

　　・男女雇用機会均等法により総合職の採用は男女平等とするのが原則であることから、総合職についても男性のみの採用でなく、男女分け隔てなく採用されるよう行政指導が行われている。

　　・一般職というコース自体を廃止してしまう企業も少なくない。

5．採用について

5-1　新卒一括採用

戦後確立した日本独特の雇用（採用）慣行。

メリット	デメリット
・自社の企業文化を一括育成 ・効率性（コスト、容易さ） ・チームワークや上下関係がスムーズに 　身につく	・景気によって変動 ・一定期間に集中 ・学業への影響 ・機会の不均衡

5-2　新卒一括採用の流れ

　　採用活動の早期化を懸念した大学側の要請に応える形で日本経済団体連合会（経団連）が定めた倫理憲章に沿い採用日程を決定し、2016 年度より以下の日程で進めていた。しかし、一部の企業を除いて現状に即しておらず、ルールが 形骸化していることから、2020 年度をもって倫理憲章を廃止。2021 年度から採用日程の指針は政府（「就職・採用活動日程に関する関係省庁連絡会議」）主導で発表することになった。当面はこれまでの採用日程を遵守する模様。

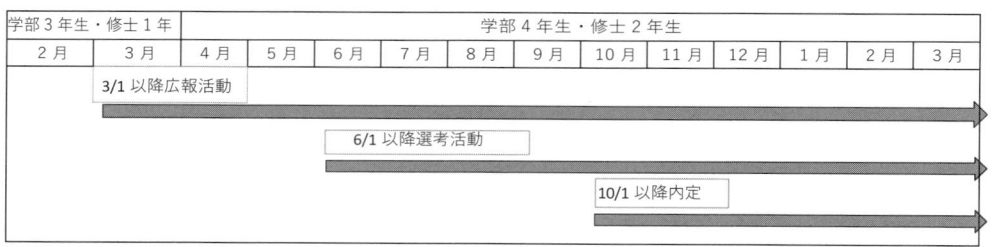

学部 3 年生・修士 1 年		学部 4 年生・修士 2 年生											
2 月	3 月	4 月	5 月	6 月	7 月	8 月	9 月	10 月	11 月	12 月	1 月	2 月	3 月

3/1 以降広報活動

6/1 以降選考活動

10/1 以降内定

※広報活動…合同説明会、学内説明会、会社説明会や企業セミナー、企業研究会など。
　選考活動…筆記試験、適性試験、グループディスカッション、面接試験など。

5-3　選考活動の一般的方法

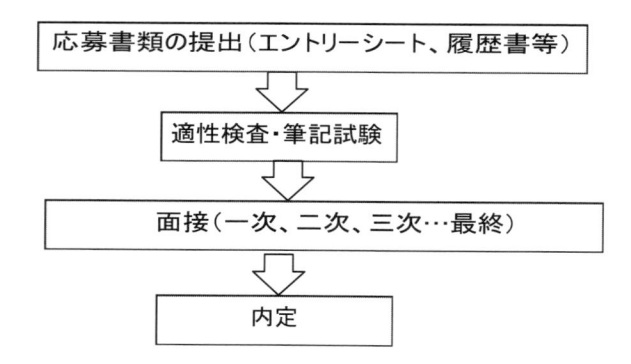

応募書類の提出（エントリーシート、履歴書等）

↓

適性検査・筆記試験

↓

面接（一次、二次、三次…最終）

↓

内定

※選考方法や回数、順番は企業によって異なるので、志望企業は必ず調べること。

6．多様で柔軟な働き方

6-1　時代の変化と働き方のニーズ

　近年、働き方に関する環境が変化してきた。共働き世帯が専業主婦（夫）世帯の約2.5倍に（2023年、専業主婦（夫）世帯が517万世帯に対して共働き世帯は1278万世帯。1980年、専業主婦（夫）世帯が1114万世帯に対して共働き世帯は614万世帯。1997年に逆転した）。

　高齢化に伴い親の介護があるため、業務に何らかの支障をきたす（65歳以上の要介護度別認定者数が2011年5150千人だったが、2021年6760千人に）。
また、グローバル化に伴い、時差を超えた勤務体系が増加している。
これらによってフレックスタイム制度や短時間勤務制度、裁量労働制など導入され、「時間」が柔軟化した

　コロナ以降、政府のスティホームの呼びかけに，一気にテレワークが広まった。また、サテライトオフィス勤務やモバイルワークなど「場所」にとらわれない柔軟な働き方が広まった。

6-2　転職

　就業者のうち転職者は325万人と1年前に比べて、12万人増加（6期連続）。また、転職等希望者は1035万人と78万人増加（10期連続、過去最多）。転職等希望者（1035万人）の就業者に占める割合は15.3%で、1.1ポイント上昇した（10期連続、過去最高）。転職等希望者の就業者に占める割合は男女とも25‐34歳が最も多い。
（2023年総務省統計局労働力人口統計室）

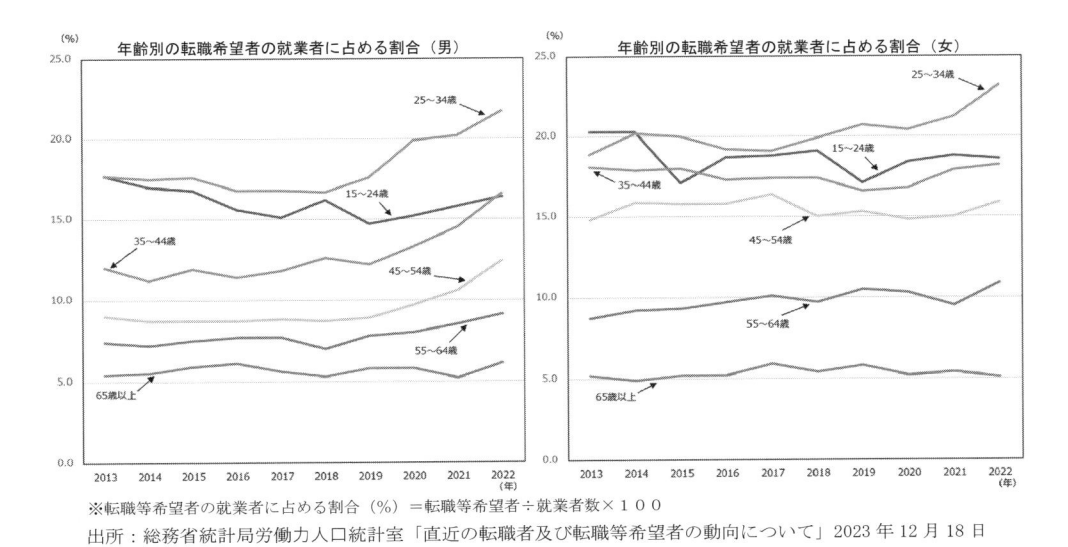

※転職等希望者の就業者に占める割合（%）＝転職等希望者÷就業者数×１００
出所：総務省統計局労働力人口統計室「直近の転職者及び転職等希望者の動向について」2023年12月18日

6-3　副業

　副業とは、本業の仕事の他に、サブ的に従事している仕事全般を指す。
　副業・兼業実施者は、男性20〜24歳で特に多く2022年は14%にのぼる。（パーソル総合研究所「働く10,000人の就業・成長定点調査」2022年）

副業のきっかけとしては、20 代は他年代よりも収入目的が少なく、学びやキャリア形成、仕事での行き詰まり解消が多い。

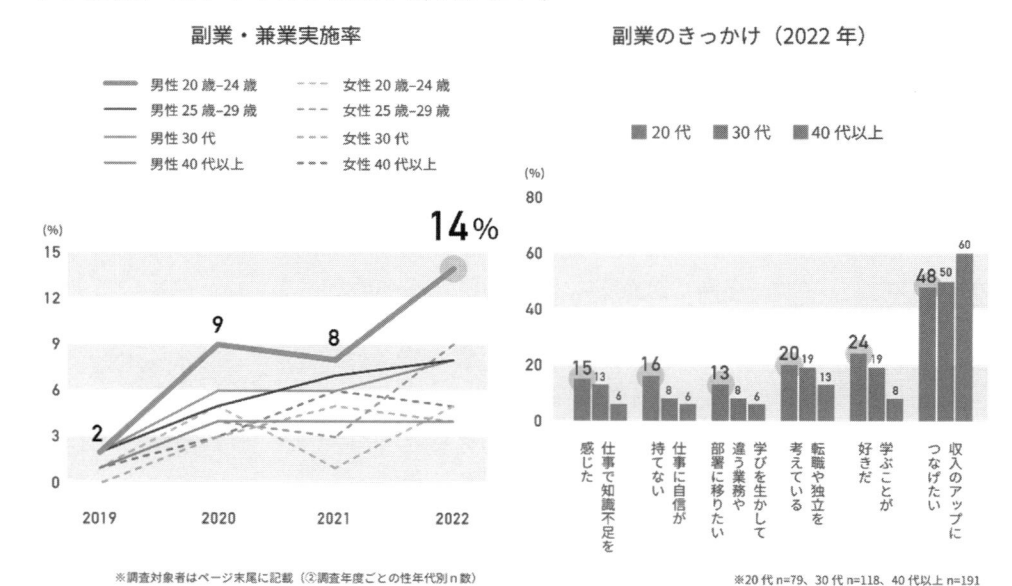

出所：パーソナル総合研究所「働く 10,000 人成長実態調査 2022　20 代社員の就業意識変化に着目した分析」
https://rc.persol-group.co.jp/thinktank/spe/pgstop/2022/)

　一方、受け入れ先の企業ではどうなっているのか。副業・兼業の導入について「制度がある」と回答した割合は、前年より 7.4 ポイント増の 68.7%となった。また、企業が副業・兼業の人材を受け入れている割合は 46.4%で、5.5 ポイント増加していることがわかった。（マイナビ「中途採用実態調査 2022 年版」）

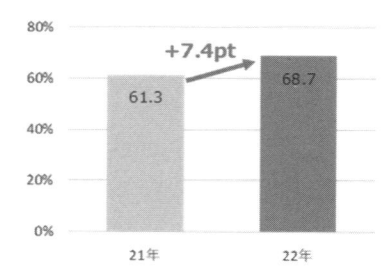

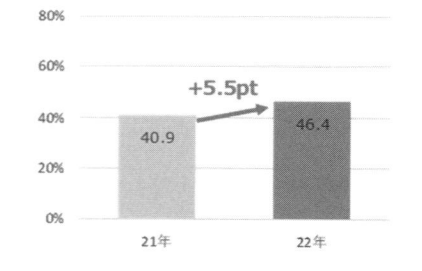

「制度がある計」：
「制度があり、将来的にも拡充する予定」＋「制度があり、現状維持の予定」
＋「制度があるが、将来的には廃止する予定」
＋「現在一部の従業員が利用できる制度があり将来的には拡充する予定」
＋「現在一部の従業員が利用できる制度があるが将来的には廃止する予定」

「受け入れている計」：
「現在受け入れており、将来的にも拡充する予定」＋
「現在受け入れており、現状維持の予定」＋
「現在受け入れているが、将来的には廃止する予定」

　出所：マイナビ「中途採用実態調査 2022 年版」マイナビキャリアリサーチ Lab
　（https://career-research.mynavi.jp/）

＜ワーク４＞
　　多様で柔軟な働き方できる企業とは、どのような企業でしょうか。
　　社会に出たときに転職と副業についてどう思いますか？　自由に感想を述べましょう。

第7講　環境を理解する③

─働きがい・やりがいを知る─

> **＜本講の目的＞**
>
> 　企業・組織は従業員に働きがい・やりがいを持ってもらうために何をしているのかを理解し、自分に合った生き方・働き方に必要なことについて考えることができるようになる。

＜事前課題＞　共感する働き方

　あなたはどのような働き方に共感しますか？下記の①〜⑫の項目について、A群とB群のうち、共感するほうを選んで○で囲んでください。そして優先順位をつけてください。自分の理想の働き方について、まとめてみましょう。

項目	A 群	B 群
①	１つの会社で、長期的に働く	複数の会社で、それぞれ短期的に働く
②	経営や人を管理する仕事をする	自分の専門性を仕事で極める
③	様々な仕事に挑戦する	１つの仕事に執着する
④	仕事中心の生活をする	家庭や趣味中心の生活をする
⑤	全国各地で働く	地域を限定して働く
⑥	チームで働く	個人で働く
⑦	民間企業で働く	公的機関で働く
⑧	組織の中で働く	将来的には起業する
⑨	生涯、ずっと働き続ける	時期がきたらリタイアする
⑩	海外で働く	日本で働く
⑪	お金が儲かる仕事をする	社会に貢献する仕事をする
⑫	決められたルールのもとで働く	自分の裁量で働く

<講義>

1．働きがい・やりがいという考え方

1-1　働きがい・やりがいとは？

　企業・組織は従業員に働き甲斐・やりがいを持ってもらいたいと様々な仕組みや仕掛けを行っている。働きがいを感じることで、従業員は仕事に対して意欲的に取り組め、個人の成長や充実した私生活にもつながるからだ。またその結果、企業業績や企業価値向上につながるため、非常に大切である。

　第4講「働くことの意味」では、働く個人が働き甲斐・やりがいを持つためにどうすればいいのかという視点で講義やワークを通じて学んでもらった。

　本講では企業・組織は従業員に働きがい・やりがいを持ってもらうために何をしているのかを理解し、自分に合った生き方や働き方を考えてもらいたい。

　「働きがい」とは、仕事によって得られる満足感や価値を感じ、仕事に対して積極的に取り組む意欲のこと。「働きがい」は「やりがい」と「働きやすさ」で構成される。「やりがい」は、物事に向き合うための価値や手応え、張り合いなどを指す。「働きやすさ」とは、仕事をする環境や条件の快適さを指す。

　たとえば、困難な課題を解決することや新しいことに挑戦することで得られる達成感などは「やりがい」に当たる。困難な課題を取り組むための快適な環境や支援、やり遂げたときに評価や報酬条件が報いることが必要である。それが制度やシステムとしてあれば、やりがいを感じ続け、働きがいにもつながる。(Great Place To Work Institute Japan「働きがいのある会社を構成する5つの要素」)

1-2　働きやすさの指標

1-2-1　ポジティブ・アクション推進企業（厚生労働省）

　「ポジティブ・アクション」とは男女間に見られる格差の解消を目指して、個々の企業が行う自主的かつ積極的な取り組みをいう。ポジティブ・アクションの取り組みとして「採用拡大」「職域拡大」「管理職登用」「職場環境・職場風 土の改善」がある。

　「女性のみ対象」「女性を優遇」とする取り組みは、女性労働者が男性労働者と比較して相当程度少ない場合（女性労働者が4割未満）に限られている。

1-2-2　ファミリー・フレンドリー企業（厚生労働省）

　「ファミリー・フレンドリー」とは、仕事と育児・介護とが両立できるような様々な制度を持ち、多様でかつ柔軟な働き方を労働者が選択できるような取り組みを行うことをいう。2007年度からは、新たに「均等・両立推進企業」としてファミリー・フレンドリーに取り組む企業を表彰している（表彰制度は 2018 年度で終了）。その取り組み例として以下のようなものがある。

（例1）法を上回る基準の育児・介護休業制度を規定しており、かつ、実際に利用されている（分割取得できる育児休業制度、通算 93 日を超える介護休業 制度、年5日を超える子どもの看護休暇制度など）。

（例2）仕事と家庭のバランスに配慮した柔軟な働き方ができる制度を持っており、かつ、実際に利用されている（育児や介護のための短時間勤務制度、フレックスタイム制など）。

（例３）仕事と家庭の両立を可能にするその他の制度を規定しており、かつ、実際に利用されている（事業所内託児施設、育児・介護サービス利用料援助）。

（例４）仕事と家庭との両立がしやすい企業文化を持っている（育児・介護休業制度等の利用がしやすく、男性労働者も利用しやすい。両立について、経営トップ・管理職の理解があるなど）。

１−２−３　くるみんマーク

「くるみんマーク」とは、次世代育成支援対策推進法に基づいて、一般事業主として行動計画を策定し、目標達成して一定基準を満たしたことによって、厚生労働省から子育てサポート企業として認定を受けた証のこと。2021 年 12 月末現在で、3750 社が認定を受けている。

くるみんマーク取得企業のうち、さらに両立支援の取り組みを進め一定基準を満たした企業が申請すると、「プラチナくるみんマーク」も表示できる。

※次世代育成支援対策推進法とは、少子化に対応し次代の社会を担う子供の健全な育成を目的として 2005 年に施行。2035 年 3 月 31 日までの時限立法。

出所：厚生労働省ホームページより

1-3 一流ホワイト企業ランキング TOP100

　ホワイト企業総合研究所では毎年出している「新卒で入りたい一流ホワイト企業ランキング TOP100」をここでは取り上げる。

　選定基準として、「働きやすさ」「残業時間」「有給休暇取得率」「給与・福利厚生」「成長環境」「財務指標」などを加味して 50,000 社のデータをもとにしランキングしている。

　6 つの基準の具体的な内容とランキング企業の評価については

　「【2026 年卒版】新卒で入りたい一流ホワイト企業ランキング TOP100」

　(https://avalon-consulting.jp/blog/white-company-ranking)

を直接見てもらいたい。

　約 13,000 社のデータを元に作成した 2026 年卒版のランキング上位 100 社の企業名を掲載する。業界では IT、金融、コンサルティング、商社の順になっているが、必ずしも有名人気企業が入っているとは限らないところが非常に興味深い。

　働きがい、やりがいある企業として興味を持ち、できれば一年生のうちに企業研究の参考にしてもらいたい。

＜ワーク１＞

　企業とは、「2026 年度版新卒で入りたい一流ホワイト企業ランキング TOP100」を見てどう思いましたか。自身が興味ある企業や業界について自由に感想を述べましょう。

67-68 頁表　出所：ホワイト企業総合研究所「【2026 年卒版】新卒で入りたい一流ホワイト企業 TOP100」
　　　　　　2024 年 12 月 26 日
　　　　　　(https://avalon-consulting.jp/white-souken/2024/12/26/2024-12-26-2026top100/)

【2026年卒版】新卒で入りたい一流ホワイト企業 TOP100

順位	企業名	業界	業種
1	Facebook Japan 合同会社	IT	WEB サービス
2	グーグル合同会社	IT	WEB サービス
3	マイクロソフトディベロップメント株式会社	IT	ソフトウェア
4	株式会社 Box Japan	IT	SIer
5	AT&T ジャパン株式会社	IT	通信
6	株式会社リツアン STC	人材関連	人材
7	F5 ネットワークスジャパン合同会社	IT	SIer
8	一般財団法人電力中央研究所	官公庁・社団	財団
9	シスコシステムズ合同会社	IT	通信
10	豊田通商システムズ株式会社	IT	SIer
11	ヴイエムウェア株式会社	IT	ソフトウェア
12	アマゾン ウェブ サービス ジャパン合同会社	IT	WEB サービス
13	三井物産株式会社	商社	総合商社
14	東京エレクトロンテクノロジーソリューションズ株式会社	自動車・機械関連	精密機器
15	株式会社ゆめみ	IT	WEB サービス
16	アカマイ・テクノロジーズ合同会社	IT	WEB サービス
17	三井不動産株式会社	不動産	デベロッパー
18	サントリーフーズ株式会社	食品・日用品	飲料
19	株式会社フィードフォース	IT	デジタルマーケティング
20	株式会社 ISS リアライズ	商社	専門商社
21	日本マイクロソフト株式会社	IT	ソフトウェア
22	株式会社ネットプロテクションズ	金融	クレジット
23	SHPP ジャパン合同会社	化学・セメント・素材関連	化学
24	JP モルガン・チェース銀行 東京支店	金融	銀行
25	キーサイト・テクノロジー株式会社	自動車・機械関連	電子計測機器
26	三菱商事株式会社	商社	総合商社
27	マスワークス合同会社	IT	SIer
28	Indeed Japan 株式会社	IT	WEB サービス
29	ヒューリック株式会社	不動産	住宅
30	インテル株式会社	自動車・機械関連	半導体
31	株式会社アイ・ディ・エイチ	IT	SIer
32	サントリーホールディングス株式会社	食品・日用品	飲料
33	株式会社アークシステム（SIer・東京都中央区）	IT	SIer
34	ナイル株式会社（インターネット・東京都品川区）	IT	WEB サービス
35	KLM オランダ航空	運輸	航空
36	インクグロウ株式会社コンサルティングコンサルティング	コンサルティング	コンサルティング
37	ベライゾンジャパン合同会社	IT	通信
38	ベイン・アンド・カンパニー・ジャパン・インコーポレイテッド	コンサルティング	コンサルティング
39	株式会社福井村田製作所	自動車・機械関連	電子計測機器
40	ブルームバーグ・エル・ピー	IT	WEB サービス
41	ハーゲンダッツジャパン株式会社	食品・日用品	食品
42	オートデスク株式会社	IT	ソフトウェア
43	株式会社ゼロスピリッツ	IT	SIer
44	ボストン・コンサルティング・グループ合同会社	コンサルティング	コンサルティング
45	日置電機株式会社	自動車・機械関連	電子計測機器
46	日鉄エンジニアリング株式会社	プラント・エンジニアリング	プラント・エンジニアリング
47	中外製薬株式会社	医薬品・医療関係	医薬品
48	株式会社セールスフォース・ジャパン	IT	SIer
49	第一三共株式会社	医薬品・医療関係	医薬品
50	株式会社サーバーワークス	IT	SIer

順位	企業名	業界	業種
51	興和江守株式会社	商社	専門商社
52	株式会社エウレカ	IT	WEB サービス
53	エミレーツ航空会社	運輸	航空
54	エーエスエムエル・ジャパン株式会社	自動車・機械関連	半導体
55	楽天カード株式会社	金融	クレジット
56	グーグル・クラウド・ジャパン合同会社	IT	WEB サービス
57	三菱地所株式会社	不動産	デベロッパー
58	プルデンシャル生命保険株式会社	金融	生命保険
59	シーメンス EDA ジャパン株式会社	IT	ソフトウェア
60	Apple Japan 合同会社	IT	ハードウェア
61	RS エナジー株式会社	石油関連・電力・エネルギー系	エネルギー
62	P&G ジャパン合同会社	食品・日用品	日用品
63	アメリカンホーム医療・損害保険株式会社	金融	損害保険
64	株式会社電通総研（旧：株式会社電通国際情報サービス）	IT	SIer
65	株式会社安田屋	個人向けサービス・小売・エンタメ	個人向けサービス
66	マッキンゼー・アンド・カンパニー日本支社	コンサルティング	コンサルティング
67	株式会社ライズ・コンサルティング・グループ	コンサルティング	コンサルティング
68	税理士法人ゆびすい	税理士法人	税理士法人
69	クラウドエース株式会社	IT	SIer
70	シンガポール航空	運輸	航空
71	双日株式会社	商社	総合商社
72	ビザ・ワールドワイド・ジャパン株式会社（VISA）	金融	クレジット
73	NRI セキュアテクノロジーズ株式会社	IT	SIer
74	CRITEO 株式会社	IT	SIer
75	ファイザー株式会社	医薬品・医療関係	医薬品
76	76 CTC テクノロジー株式会社	IT	SIer
77	ゴールドマン・サックス・アセット・マネジメント株式会社	金融	資産運用
78	アメリカン・エキスプレス・インターナショナル・インコーポレイテッド	金融	クレジット
79	住友商事株式会社	商社	総合商社
80	アレクシオンファーマ合同会社	医薬品・医療関係	医薬品
81	デロイト トーマツ アクト株式会社	IT	SIer
82	エクスペディアホールディングス株式会社	IT	WEB サービス
83	伊藤忠丸紅鉄鋼株式会社	商社	専門商社
84	株式会社ロバート・ハーフ・ジャパン	人材関連	人材
85	NGB 株式会社	コンサルティング	コンサルティング
86	株式会社ワンキャリア	IT	情報
87	株式会社サキコーポレーション	自動車・機械関連	電子機器
88	讀賣テレビ放送株式会社	マスコミ	放送
89	株式会社リクルートマネジメントソリューションズ	人材関連	人材
90	日本アイ・ビー・エム システムズ・エンジニアリング株式会社	IT	SIer
91	JX 石油開発株式会社	化学・セメント・素材関連	化学
92	ゴールドマン・サックス証券株式会社	金融	証券
93	デロイト トーマツ サイバー合同会社	IT	SIer
94	Sky 株式会社	IT	ソフトウェア
95	特許庁	官公庁・社団	省庁
96	SAP ジャパン株式会社	IT	ソフトウェア
97	株式会社 SCREEN ホールディングス	自動車・機械関連	半導体
98	株式会社電通	マスコミ	広告
99	味の素株式会社	食品・日用品	食品
100	三井化学クロップ&ライフソリューション株式会社	化学・セメント・素材関連	化学

2-1　女性の労働力率の推移

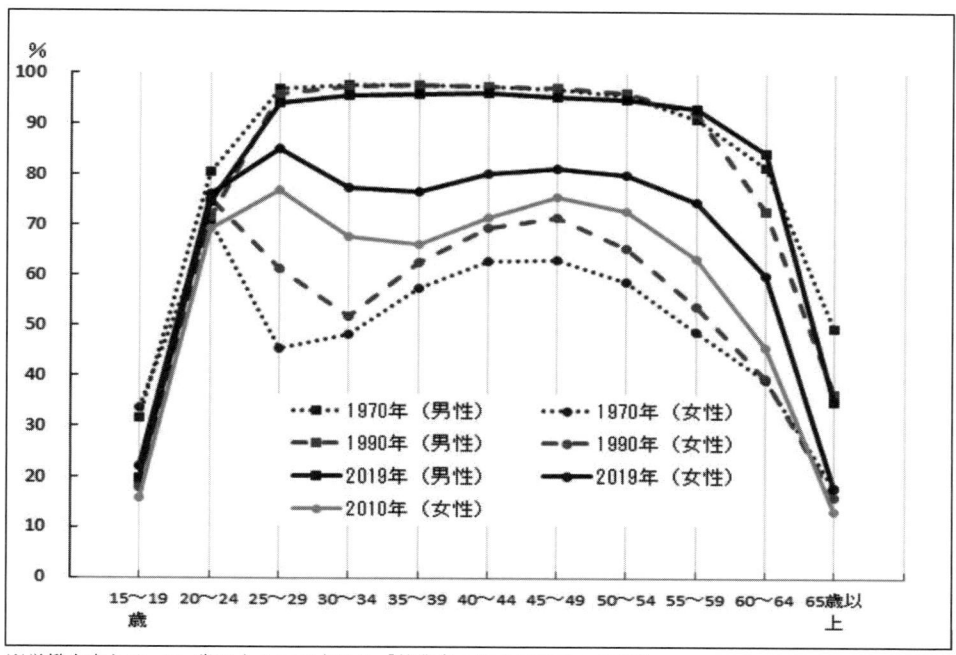

※労働力率とは　15　歳以上人口に占める「就業者＋完全失業者」の割合。
　データは「労働力調査」総務省。
出所：「早わかりグラフでみる長期労働統計」労働政策研究・研修機構。

＜ワーク２＞

　　上記のグラフから女性の労働力率の推移について感じたこと・考えたことを記述してください。また、女性労働者の労働参画率が高まってきたが、より長く「働きがい」を持ってもらうためには企業はどう支援していくべきか、何が必要かについても記述してください。

2-2 生産性向上につながる働き方とは

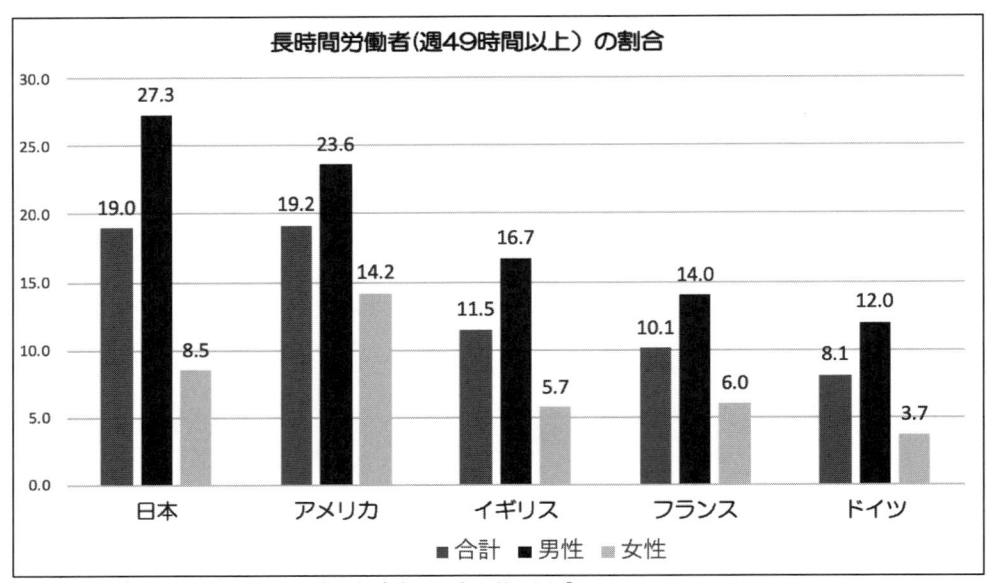

出所：日本「労働力調査 2018 平均」総務省、日本以外の国「ILOSTAT Database2019」ILO。

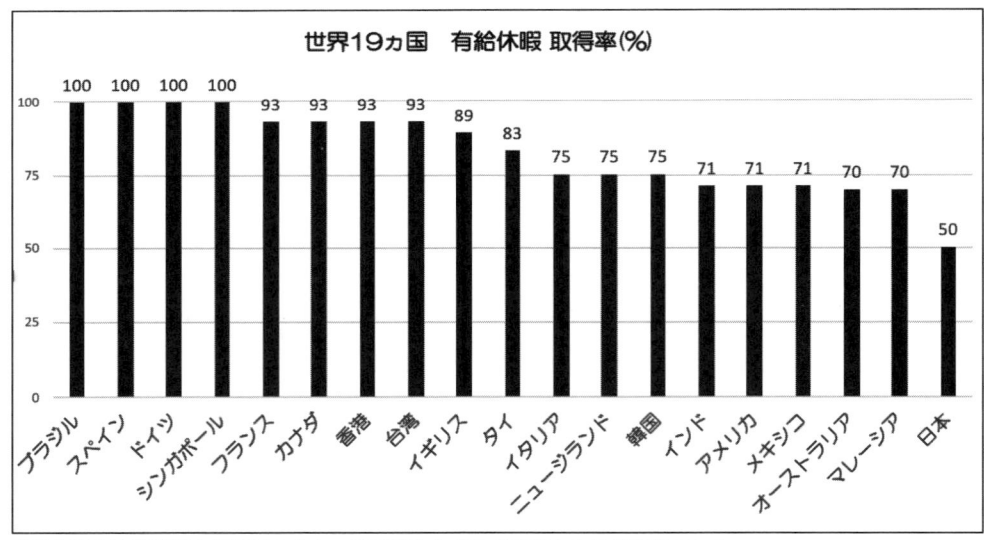

有給休暇とは労働者の休暇日のうち、使用者から賃金が支払われる休暇日のこと。
取得率 = 平均取得日数÷平均支給日数。
出所：「世界19ヶ国 有給休暇・国際比較調査2019」エクスペディア。

※「参考資料」参照
図表5　一人当たり平均年間総労働時間
図表6　年間休日数
図表7　主要国における女性の年齢階級別労働力率
図表8　役職別管理職に占める女性割合の推移
図表9　男女別育児休業取得率の推移
図表10　6歳未満の子供を持つ夫の家事・育児関連時間（1日当たり）の国際比較

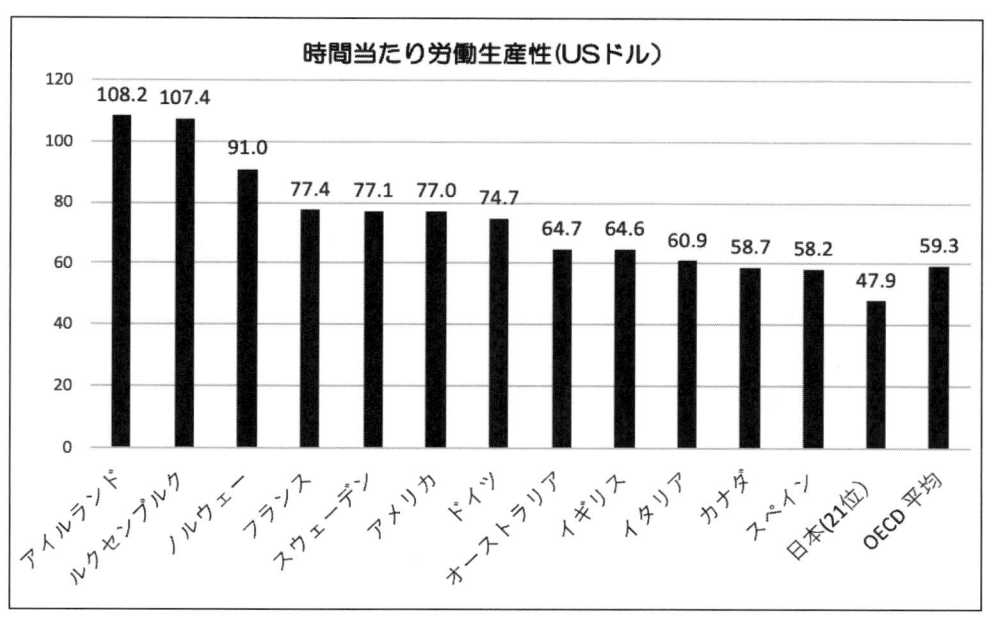

時間当たり労働生産性(USドル)

出所：「労働生産性の国際比較2020」日本生産性本部　一部抜粋して作成。
　　　OECD データに基づく 2019 年の日本の時間当たり労働生産性（就業 1 時間当たり付加価値額）を購買力
　　　平価（PPP）換算。日本の順位は OECD 加盟 37 カ国中 21 位。

＜ワーク3＞

・上記の3つのグラフから「生産性向上につがるために働き方をどう改革して
　いくべきか」について感じたこと・考えたことを記述してください。

・巻末の参考資料＜図表5〜10＞（pp. 181-183）も参照してください。

2-3　経営組織とは

　経営組織とは、何らかの事業を遂行し、特定の目的を実現するために構成された組織のこと。通常は2人以上の構成員によって構成され、共通の目標を持ち、それぞれの構成員が協業しながら各種の活動を展開するチーム。

　『マネジメント【エッセンシャル版】——基本と原則』の著者であり、現代経営学の父といわれるピーター・ドラッカーは企業の目的を「顧客の創造」であるとしている。組織は「社会に貢献するために成果を上げる存在であり、そこで働く人が仕事にやりがいを感じさせるものである」としている。

　『経営者の役割』の著者であるバーナードは、組織とは「二人以上の人々の、意識的に調整された諸活動、諸力の体系」と定義した。組織が成立するためには「組織の3要素」が必要と提唱している。「組織の3要素」として、共通目的、貢献意欲、コミュニケーションという3つの要素が揃って初めて、組織は効果的に機能するとしている。

2-4　経営理念（ミッション）・ビジョン・バリュー

　上記の世界を代表する研究者であるバーナードやピーター・ドラッカーは共通していることがある。何のためにこの事業をやるのか（経営理念）という目的と社会や顧客に貢献するためにどこに向かっていくのか（ビジョン）、その実現のための具体的な価値基準（バリュー）を明確にすることが重要であるということだ。

　これらがあることですべての従業員が同じ方向を見ながら、あるいは原点に立ち返りながら、仕事を進めることができるようになり、やりがい・働きがいにつながっていく。

　最近では、企業の社会的な存在価値とはなにかを示す「パーパス」という言葉が、企業ではよく使われている。

＜ワーク4＞

　経営理念（ミッション）・ビジョン・バリューを持っていない・明示できていないと組織・人はどうなるのでしょうか、自由に考えを述べましょう。

第8講　環境を理解する④

—職業選択の方法を知る—

> **＜本講の目的＞**
> 　職業選択に必要な考え方や職業選択のプロセスを学ぶ。業種・業界、職業・職種や企業を理解し、職業選択に向けて、適切に情報収集できるようになる。

＜事前課題＞　職業選択

　現時点で興味・関心のある業種・業界、職業・職種、企業などを可能な限りリストアップしてください。リストアップした理由も記述してください。

興味・関心のある業界・業種、職種、企業	理　　由

<講義>

1．意思決定のプロセスと職業選択

```
<意思決定のプロセス>
ステップ1：環境理解・自己理解

ステップ2：就業体験（アルバイト、インターンシップ）  ┐
                                                    │
ステップ3：選択肢の情報収集                          │
                                                    ├  職業選択
ステップ4：選択肢の検討                              │
                                                    │
ステップ5：意思決定                                  ┘
```

1-1　環境理解と自己理解
　環境理解は第 5～8 講「環境を理解する」、自己理解は第 9～12 講「自分を知る」を参照。

1-2　就業体験（アルバイト、インターンシップ）
（1）アルバイト
①基本的に就業期間を自由に設定できるので、興味のある仕事を複数体験できる。
②アルバイトの活用例
　・自分の就業目的や条件にマッチする企業を選ぶ。
　・「お客様に喜んでもらえる接客とは？」等の問題意識を持って取り組む。
　・課題を発見したならば、解決方法を試してみる。
　・社員の方との会話から、企業・業界や仕事への姿勢等、情報収集する。

（2）インターンシップ
①インターンシップの種類
　・職場体験型
　　一定期間、実際の業務に近い内容を体験する。長期（概ね 4 週間以上）や海外で行うものもある。
　・課題解決型
　　実習先から課題が与えられ、その解決策を考える。
　・ビジネスゲーム型
　　ビジネスに関わる課題が与えられ、それに対してグループで取り組む。研

修形式のインターンシップに多い。
・セミナー・見学型
　業務体験は行わず、セミナーや会社見学・説明会を行う。ワンデーインターンシップという名称が多い。

②インターンシップ先に関する情報収集
　インターンシップの応募先は、大学のキャリアセンターに問い合わせたり、企業のホームページやインターンシップを紹介する情報サイトをチェックしたりする。
・募集対象は様々だが、大学3年生および修士1年生と指定されている場合は、選考につながっていることもある。
・時期は夏期・春期の長期休暇中から随時募集まで様々な時期に実施されている。
・期間は1日から3カ月以上のものまである。
・応募者は履歴書や応募書類を提出し、面接を経て、選考されることが多い。

1-3　情報収集のポイント
①興味・関心のある業種・業界を調べる。
②業種・業界を構成する企業を大規模から中小規模、ベンチャーまで、特徴を比較検討する。
③その企業の求人情報、採用条件を調べる。
④興味・関心のある仕事や職種について調べる。
⑤興味・関心のある業種・業界、職業・職種、企業のアルバイトまたはインターンシップの可能性を調べる。

1-4　＜選択肢の検討＞のポイント
　興味のある会社、気になる会社について、検討する際の選択基準を作成し、その基準にもとづいて評価する。

＜選択基準項目例＞

項目	ポイント	評価
将来性	成長分野か	
経営・事業方針	経営方針に共感できるか、今後の事業展開は具体的か	
事業内容	製品・商品・サービスに魅力を感じるか	
人材活用	若年者・女性・障害者・高齢者をどの程度活用しているか	
人材育成	研修は充実しているか、キャリア形成支援を行っているか	
社風	社員の相互支援のある社風か	
働きやすい環境	ワーク・ライフ・バランスに配慮しているか	
労働条件	福利厚生、給与はどの程度か	

1-5 ＜意思決定＞のポイント

①環境理解及び自己理解したことをもとに、自分にとってこれだけは譲れないというものは何であるかを理解する。

②現時点でのベストの選択をする（たとえ、後でその選択を変更することになっても、今の時点での最もふさわしい選択をすることが大切である）。

③1回の選択で職業人生のすべての選択をするわけではないことを認識する（もともとキャリアは、生涯を通じて継続的に作り上げられるもの。節目、節目で決定した目標を見直し、状況に応じて変更することも当然必要）。

2．業種・業界とは

2-1 内容

①業種は、どのような事業をするのか、事業が社会でどのような役割を果たしているのかを内容や特徴で大きく捉えた分類。「日本標準産業分類」に従って分類したもの。

（例）製造業（メーカー）、流通業、サービス業など

②業界とは業種の中で、同じ商品・製品・サービスを扱っている企業を一括にした分類。

（例）製造業（メーカー）⇒繊維業界、医薬品業界、自動車業界

・参考）業態

業態とは営業形態（誰に、何を、どのように）によって分類したもの。

（例）ＩＴ業界⇒システム開発全般、運用＆アウトソーシング、ネットワーク＆インフラ、パッケージ＆サービス、派遣

服飾小売業⇒百貨店、専門店、スーパー、通信販売

2-2 業種・業界研究

①業種・業界研究を通して社会の仕組みや事業の存在価値を理解する。

・個別企業は「業態」（営業形態＝誰に、何を、どのように）で理解する。

・企業と企業がどのように関わっているかを商品（製品）の流れで理解する。

②「自分にはどんな仕事が向いているのか」「やりたい仕事はどのような業界でできるのか」を理解する。

③ＷＥＢサイト（企業ＨＰ、就職情報サイト）の情報だけではなく、関係者にインタビューしたり、説明会やセミナーに参加したりして、情報収集する。

3．職種とは

3-1 内容

ひとつの企業の中で行われる業務の種類のこと。社員が企業の中で果たす役割。「日本標準職業分類」や「職業分類表」をもとに分類したもの。

（例）営業、経理、人事、広報、企画、生産管理、研究開発

3-2　職種研究

①「自分がどのような働き方をしたいか」「どのようなスキルを身につけたい
　か」「将来どのような自分になりたいか」を思い描き、職種（働き方）を選
　択する。

②職種内容は多様
・同じ「職種」でも業界、企業によって仕事内容は多様であり、イメージで判
　断しない。
・営業職の場合、「何を売るか」（生産財、消費財、サービス）、「誰に売るか」
　（個人、法人・団体/新規顧客・既存顧客）、「どのように売るか」（対面、通
　販）によって、仕事の方法・内容は変わってくる。

> **＜参考＞営業職と販売職の違い**
> ・店舗に来店した「見込み顧客」に対する提案を行う職種が販売職。店舗を
> 　持たないで「法人・個人」に対して提案を行うのが営業職という場合が多
> 　いが、決まった定義はない。

③職種は相互に連携して、新たな価値を生む
・各職種は企業の中で単独で存在するのではなく、連携しながら、それぞれの
　職種の中で新たな価値（利益）を生みだす。例えば、下記の図で説明すると
　「購買物流（品質の高い原材料を安く仕入れる）→製造（品質の高い製品を
　効率化した工程で作る）→出荷物流（販売業者に早く届ける）→マーケティ
　ング・営業（新たな市場を開拓する）→サービス（製品ユーザーにアフター
　サービスを行いリピーターにする）

＜製造業のバリューチェーン＞（M・ポーター）

支援活動	管理構造					マージン
	人的支援管理					
	技術開発					
	調達					
主活動	購買物流	製造	出荷物流	マーケティング営業	サービス	

＜業種・業界一覧＞

業種	概要	業界
1．製造 （メーカー）	一般消費者や企業向け製品・商品を製造する企業群。営業、販売先は主に商社（卸売業）であるが、最近は商社・小売機能も兼ねるメーカーも増加している。	・繊維・医薬品・電子・電気・アパレル・化粧品・木材・家具・住設機器・食品・バルブ・石油製品・自動車・輸送機器・印刷・鉄鋼・金属・精密機器・化学製品・一般機器・玩具・スポーツ用品など
2．商社	製造業（メーカー）から大量に商品を仕入れ、小売店向けに卸す企業群。あらゆる商材を扱う総合商社と各種業界に商材を絞った専門商社に分かれる。	・総合商社・専門商社（総合商社系、メーカー系、独立系）
3．流通・小売	商社または直接製造業（メーカー）から商品を仕入れ、一般消費者向けに販売する企業群。	・百貨店・総合・専門スーパー・コンビニエンスストア・量販店・専門店など
4．インフラ	社会や生活の基盤を整備・運営する企業群。エネルギーは異業種からの参入が相次いでいる。公共事業は縮小ぎみ。	・電力・土木・建設・ガス・通信・不動産など
5．運輸	人や貨物の国内・海外の輸送や荷物の保管を行う企業群。事業の特性から多角的事業形態が多い。	・鉄道・宅配便・航空・物流・陸運・海運・郵便・空港・倉庫・港湾など
6．金融・保険	企業や一般消費者に資金の優遇や仲介をする企業群。資金の運用、保険、証券や各種金融商品の取り扱いなど。	・銀行（都銀・地銀・信託）・信用金庫・信用組合・生命保険・損害保険・証券・リース・信販・クレジット・消費者金融など
7．マスコミ	一般大衆向けに様々な情報を電波や紙面を介して伝達し、主に広告や情報提供料で収益を上げている企業群。	・放送（テレビ・ラジオ）・新聞・広告・出版・ショービジネスなど
8．情報・通信	企業間、個人間などをつなぐ情報網やコンピュータを使って各企業内および企業間の管理システムを構築したりする企業群。	・通信・インターネット関連・情報処理・マルチメディア・ソフトウェア・情報提供サービスなど
9．サービス	生産には直接関係なく、総じて一般生活および企業ビジネスにおける利便性を提供する企業群。一般消費者向け、企業向け、双方向けがあり、新ビジネスも次々と生まれている。	・旅行・人材派遣・人材紹介・ホテル・外食・アウトソーシング・レジャー・教育（塾・予備校・専門学校・各種教育機関）・医療・福祉・公務員など

＜職種一覧①＞

1．事務系

①経理・会計	財務諸表作成、予算編成、入出金管理、財務書類の作成を行う。会社を計画的に把握し、今後の経済活動に有効な助言を行うこともある。
②財務	株式発行、社債発行など事業活動に必要な「資金調達」を行い、その資金を資産運用する。経理で財務をあわせて行うこともある。
③人事・労務	採用、教育、労働管理、給与、福利厚生など企業にとって財産である人材の活躍や社員の働きやすい環境を整える。
④総務	庶務・文書管理・用度・不動産管理・拶外など、多岐にわたる。社内の各部門と結びついて会社をサポートする役割を持つ。企業によっては人事機能を持つ場合もある。
⑤法務	企業活動に関わる法的対応や、特許や知的財産の管理を行う。
⑥経営企画	企業を取り巻く様々な状況を調査・分析し、経営財産管理を行う。
⑦広報・宣伝・企画	企業や製品の情報を社会に発信し、企業価値を高めていく。宣伝広告の企画やホームページの運営、社内報の作成やさらには投資家向け広報（ＩＲ）も行う。
⑧調査研究 　・マーケティング	売上、購入層、購買行動の傾向を調査、分析することで商品企販売戦略などを行う。

2．営業系

①営業	商品・サービスの売り込みや提案を行う。企業向けの法人営業（ＢtoＢ）と消費者向けの個人営業（ＢtoＣ）がある。また決められた顧客に対して提案営業を行うルート営業と、新しい顧客を増やすための新規開拓営業がある。
②ＭＲ （医薬情報担当者）	医師や薬剤師に対し自社の医薬品の効能や用法、副作用等の情報を提供する。入社後に資格取得が必要。（医薬品業界）
③ＭＳ （マーケティング・スペシャリスト） （医薬卸販売担当者）	様々なメーカーの医薬品を取り扱い、各社ＭＲからの依頼を受け、医薬品を販売する。ＭＲと共同で医療機関のニーズに応えることもある。（医薬品業界）
④ＭＤ （マーチャンダイザー）	商品について市場調査から商品化計画・販売政策を行う。販売や営業を経験してからなるのが一般的。（メーカー、商社、流通、小売業界）
⑤バイヤー （購買・調達）	流行、客層、地域性の要因を分析し、商品の選定・発注を行う。販売や営業を経験してからバイヤーになるのが通常。（流通、小売）素材、原料、生産工程の資材の選定・発注を行う。（製造メーカー）
⑥スーパーバイザー	自社の特約店や系列店を定期的に訪問し、店舗が繁盛し収益が上がるようにアドバイス・支援する。（流通・小売業界）
⑦店舗経営（店長）	売上の管理や商品の仕入れ、スタッフの管理等、指導的立場で業務を行う。（流通、小売、サービス、外食など）

<職種一覧②>

3．技術系	
①研究開発	次世代商品の基礎開発、次期商品の設計・開発を行う。
②SE （システムエンジニア）	顧客の課題やニーズを把握し、最適なシステム設計をする。実は文系学生が半数以上を占める。（IT業界）
③PG （プログラマー）	SEが設計した仕様書に従いプログラム言語を駆使して実際のシステム製作を行う。（IT業界）
④エンジニア	ネットワークエンジニア、セールスエンジニア、カスタマエンジニア、建築エンジニア（設計、施工等）など。
4．生産系	
①生産管理	生産場所、生産日程の決定。技術、設計、部品調達を含めた生産管理計画。コスト管理上、最適生産が求められる。
②生産技術	製品の製造工程における自動化や治具設計を含めて、品質向上、生産量、原価の最適化を図る。
③製造	製造ラインを運転し、製品を製造する。
④品質管理	製品の品質のばらつきを減らし、顧客満足を達成する商品づくりの管理を行う。
5．専門系	
①FP （ファイナンシャルプランナー）	預金・株の運営、教育・住宅資金の相談、不動産取得・相続などの個人の生涯にわたる資産運営のアドバイスを行う。（金融業界）
②ディーラー	政治・経済・国際情勢を把握して、株・債券・為替等を売買し差益を得る。（金融業界）
③トレーダー	顧客の売買注文を受けディーラーに取り次ぐ。顧客にタイムリーな情報提供をする。（金融業界）
④カストディアン	外国証券投資等で、投資家代理人として有価証券の保管・受渡・決済・配当金徴収等を行う。バックオフィス業務。（金融業界）
⑤証券アナリスト	経済・産業全般から個々の企業営業状態まで幅広く情報収集し分析、投資価格を評価。投資意思決定のアドバイスをする。（金融業界）
⑥ファンドマネージャー	投資信託会社に所属し投資家から集めた資金を運用する。（金融業界）
⑦コンサルタント	企業経営者に対し人事・会計・経営について提案し、経営戦略・経営効率化・人材活用など企業課題の改善を行う。なお、コンピューターシステム構築と合わせ提案することもある。（サービス、IT業界）

＜ワーク１＞　業種・業界、職業・職種、企業の特徴

　興味ある業種・業界、職業・職種、企業をそれぞれ１つ取り上げて特徴を書いてみましょう。

興味ある業種・業界	特徴
興味ある職業・職種	特徴
興味ある企業	特徴

第9講　自分を知る①

―自分を知るための視点―

<本講の目的>
　自分自身を知る目的や方法を理解し、様々な視点を取り入れて自己理解できるようになる。

<事前課題>
（1）これまで経験したことを一つ取り上げて、下記の項目に従って記述してください。

項　目	内　容
1．経験したこと	
2．具体的内容	
3．そのときの考え	
4．そのときの行動	
5．その経験で 　　学んだこと	
6．5で学んだこと 　　を活かした経験	

※「経験」の例：打ち込んだこと、成功体験、失敗体験、挫折、転機、心揺さぶられたこと、
　その他自分に影響を与えた出来事など。

（2）自分の経験を記述したり、グループで話し合ったりして気づいたことは何ですか。

＜講義＞

1. 自己理解の目的

1-1　自己成長
①強みをさらに伸ばす。
②課題を克服する。

1-2　自己表現
①第三者に自分の強みを伝える。
②自分を尊重し、考え、気持ち、要望等を伝える。

1-3　自己選択
①何事も自己責任で選択する。
②行動の意思決定の基準にする。

2. 自己理解の基本3要素

2-1　興味・関心、欲求
①何に興味や関心があるのか？
②本当にやりたいことは何か？

2-2　特性・持ち味（行動特性、性格、知識、スキルなど）
①何をするのが得意か、不得意か？
②他者と比較して、何が違うか？

2-3　価値観（取り組み姿勢、態度など）
①普段から心がけていることや大切にしていることは何か？
②守り続けてきた信条は何か？
③優先させるもの・コトは何か？

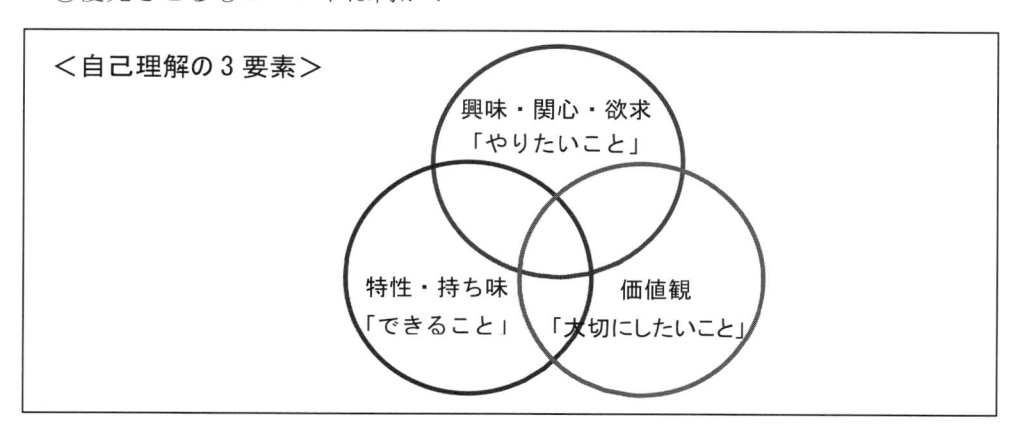

＜自己理解の3要素＞

興味・関心・欲求
「やりたいこと」

特性・持ち味
「できること」

価値観
「大切にしたいこと」

<ワーク１>

　自己理解の基本３要素①〜⑦について回答してください

　　①何に興味や関心があるのか？
　　②本当にやりたいことは何か？
　　③何をするのが得意か、不得意か？
　　④他者と比較して、何が違うか？
　　⑤普段から心がけていることや大切にしていることは何か？
　　⑥守り続けてきた信条は何か？
　　⑦優先させるもの・コトは何か？

３．自己理解の方法

３−１　自分で自分を知る
　①自分のホンネと向き合う。
　②これまでの経験を振り返る。

３−２　他者からの指摘を受ける
　①キャリア・コンサルタント等からカウンセリングを受ける。
　②周囲の人々に評価してもらう（360度評価）。
　③周囲の人々から自分が気づかなかった点を指摘してもらう。
　　　　　　　　　　　　　　　　　⇒　ジョハリの窓（次ページに解説）

３−３　適性検査・心理検査を受ける
　①インフォーマル検査　⇒　簡易に作成したチェックリスト、ワークシート等。
　②フォーマル検査　⇒　統計的に分析し、信頼性、妥当性が検証されたもの。

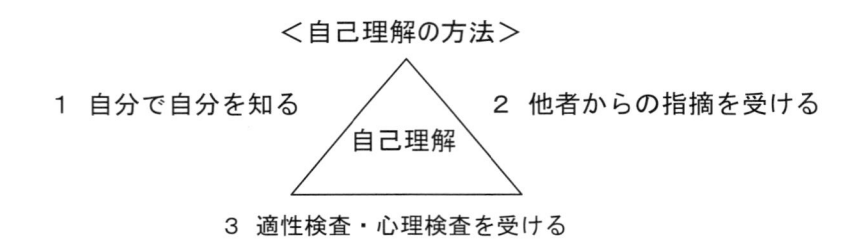

<自己理解の方法>

１　自分で自分を知る　　　　　自己理解　　　　２　他者からの指摘を受ける

３　適性検査・心理検査を受ける

<キャリアデザインセンターが実施している適性検査・心理検査>

・職業レディネス・テスト　（ＶＲＴ）：ホランド理論に基づく６つの興味領域（現実的、研究的、芸術的、社会的、企業的、慣習的）に対する興味の程度と自信度をプロフィールで表示。　基礎的志向性（対情報、対人、対物）も測定する検査。

・ＭＢＴＩ®(Myers-Briggs Type Indicator)：何気なく動いているこころのパターンや習慣を自分自身が理解し、自分の強みや自己成長の指針を得るための国際水準の心理検査。

＜解説＞　ジョハリの窓（ジョセフ・ルフト、ハリー・インガム　1955）

　「ジョハリの窓」とは、心理学者の2人の名前をとってネーミングされた「対人関係における気づきのグラフモデル」（下記の図）。対人関係における自己開示、コミュニケーション、気づき、自己理解などの説明に使われている。

　他者から指摘を受けるステップは下記のとおり。

Step1：**自己開示**　自分の考え、感情、欲求など、自分についての情報を相手に率直にありのままに伝え、相手と関係構築を図り、「開放の窓」を広げる。

Step2：**フィードバック（他者からの指摘）**　相手から自分について指摘を受けたり、自分から質問したりすることによって、自分の「盲点の窓」を広げる。

		自　分	
		自分はわかっている	自分はわかっていない
他者	他者はわかっている	Ⅰ：開放の窓	Ⅱ：盲点の窓 → Step2：フィードバック （他者からの指摘）
	他者はわかっていない	↓ Step1：自己開示 Ⅲ：秘密の窓	Ⅳ：未知の窓

領　域	内　　容
Ⅰ：開放の窓	自分にも他者にもわかっている「公の私」。お互いに情報が共有されており、自由に活動できる領域。
Ⅱ：盲点の窓	自分では気づいていない癖や行動などを通じ、他者が自分について直接的または推論的な情報を得る領域。
Ⅲ：秘密の窓	プライベートな私。自分にはわかっているが、他者には知らせたくない、知らせていない領域。
Ⅳ：未知の窓	自分にも他者にもわかっていない未知なる領域。埋もれた過去の経験や潜在領域の発見が起こる領域。

<ワーク２>
・自分の第一印象についてグループのメンバーはどのように考えているかをきいてみましょう。

・下記の手順でワークを進めます。
　①４人程度でグループを作る。
　②話す順番（スピーカー）を決める。
　③１番目のスピーカーは　p.82で記述した「自分の経験」について２〜３分間程度、メンバーに話す。
　④１番目のスピーカーが話し終わったら、他のメンバーはスピーカーの話した内容・話しぶりから、第一印象、感じたこと、思ったことについて伝える。スピーカーは他者からのコメントを下記の記述欄にメモをとりながらきく。１番目のスピーカーが終了したらメンバーは順次、③、④を行う。
　⑤すべてのメンバーが終了したら、今回のワークを実施して気がついたこと、感じたことグループで意見交換する。

<他者からのコメント記述欄>

第10講　自分を知る②

—自分の興味・関心を探る—

> **＜本講の目的＞**
>
> 　　自分の興味・関心について明確化し、職業や仕事の分野との関連性を考えることができるようになる。

＜事前課題＞

現在、どのようなことに興味・関心がありますか？　なぜ、興味・関心を持つようになりましたか？

興味・関心があること⇒

興味・関心を持った理由⇒

＜講義＞

1．「興味・関心」の探求の意義

1-1　「自分」と「社会」とのつながりを見出す
①「社会」（国、地域、企業、学校など）への参加。
②自分の外の世界に興味・関心を持つ⇒「外向」。

1-2　「自分自身」の内面を見つめ直す
①自分のホンネと向き合う。
②自分の内面世界に興味・関心を持つ⇒「内向」。

1-3　「欲求」を育てる
①「将来の展望」「キャリアビジョン」を持つ。
②「やりたいこと」や、やる気を起こす土壌となる。

２．「興味・関心」を持つために必要なこと

（１）目の前の活動に一生懸命取り組む
　今、自分に求められている役割や仕事に対して、自分なりの工夫をして、成果を出す。

（２）様々な人々と出会い、生き方や考え方に触れる
　価値観や考えの違う人々から直接、話を聞き、自分の視野や考えを広げることに努める。

（３）「問題意識」を持って生活する
　社会や日常生活をより豊かに、快適・便利にしていくために必要なもの・コトは何かを考える。

> ### 「必要は発明の母」—松下幸之助のケース—
>
> 　パナソニックの創業者、松下幸之助は、大阪で電力会社に勤務していたとき、簡単に電球の取り外しが可能な電球ソケットを考案した。当時の電球は、自宅に直接電線を引く方式で、電球の取り外しも専門知識が必要な危険な作業であったため、当時は画期的な発明であった。電力会社を退職し、会社を設立した後、さらに画期的な発明といわれている「二股ソケット」を考案し、事業を軌道に乗せ、今のパナソニックの母体を作った。

３．職業興味検査

３−１　ホランドの職業興味検査
　アメリカの心理学者ジョン・ホランドは、自分の性格特性や興味関心の方向性と一致するような環境で仕事をすることが、安定した満足のできる職業選択につながると考え、「職業興味検査（ＶＰＩ）」を開発した。
　この検査の結果は、個人の職業上の興味・関心や性格特性によって 6 つのタイプに分類されている（ホランドタイプの六角形モデル）。

３−２　職業興味検査の活用法
　①若者のキャリアデザインや職業適性の判断に活用することができる。
　②この結果を参考に、自分の職業選択について、業界研究や企業研究をスタートさせるきっかけにすることができる。
　③注意点としては、結果を絶対視しないこと。参考にして、今後を考える糸口とする。

<ワーク１>
　職業興味検査（参考資料 p.169：資料２）を行い、自分の興味・関心について分析してみましょう。

<職業興味の６タイプと仕事の２軸>

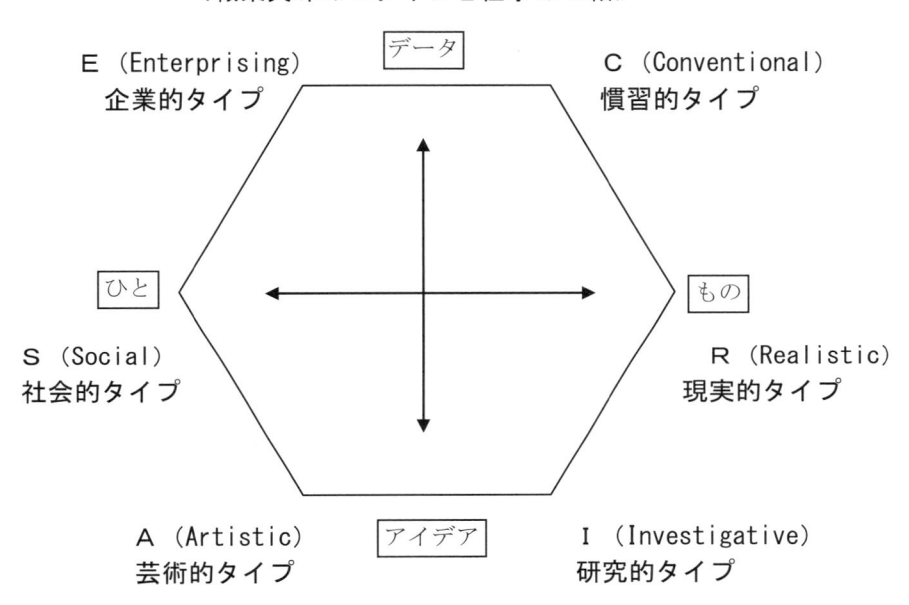

<仕事の2軸>
① 「データ」と「アイデア」の軸
　・データ
　　物やサービスなどの事実や具体的なデータを整理・体系化するような活動。
　・アイデア
　　新しいものを創造したり、抽象的な事柄を考えたりする活動。

② 「ひと」と「もの」の軸
　・ひと
　　人を援助する・説得する・接待する・動機づける・管理する等の対人的活動。
　・もの
　　ものを生産する・輸送する・修理する・飼育する等の対物的な活動。

<ワーク2>
　「自分らしさを活かす」にはどうすればよいかを、グループで共有しましょう。
　　（例）「芸術的タイプ」が高い人が「営業職」になった場合

<ワーク3>
　A群とB群の質問に対して自分の考えの近いと思うほうのどちらかの一つに○をつけなさい。その結果、自分らしさを活かすためにどうすればいいのか考え、グループで共有しましょう

A群　（仕事に対する認識）
（Q1）
① （　　　）困難な問題に挑戦し解決することが面白い
② （　　　）仕事をやり終えたときの満足が大きい
（Q2）
① （　　　）仕事に対する評価やコメントは大事である
② （　　　）結果を出したら、それなりに認めて欲しい
（Q3）
① （　　　）ある程度、リスクのある目標を設定する
② （　　　）確実に達成できる範囲で目標を設定する
（Q4）
① （　　　）人から指図されることはどちらかというと好きではない
② （　　　）指示されたり他人から言われたりすることは苦痛でない
（Q5）
① （　　　）目標は責任を持って達成するものである
② （　　　）目標は与えられた責任の範囲で遂行する

B群　（仕事に対するアプローチ）
（Q1）
① （　　　）次に何が起こるかわからないような仕事がよい
② （　　　）仕事の手順など先が見えているほうが安心する
（Q2）
① （　　　）改善したり、工夫したりする余地のある仕事のほうが面白い
② （　　　）無駄のない完成された仕事のほうが楽しい
（Q3）
① （　　　）2度同じことをやるなら次はやり方を変えてみたい
② （　　　）2度同じことをやるなら次はもっと素早くやれるだろう
（Q4）
① （　　　）マニュアルのとおり仕事をするのはつまらない
② （　　　）マニュアルのしっかりとした仕事のほうがよい
（Q5）
① （　　　）手順や規則といったものは必ずしも必要ではない
② （　　　）手続きや規則を無視して他人に迷惑をかけるべきではない

＜集計・分析＞

	A群（仕事に対する認識）		B群（仕事に対するアプローチ）	
	①機会型	②課業型	③動的	④静的
○の数				

①　機会型

目標達成型①④	機会開発型①③
業務処理型②④	問題解決型②③

④静的　（左）　　③動的　（右）

②　課業型

【目標達成型】
目標の設定や達成という観点を強く持っているタイプ。
情報を分析し、計画を立て、戦略を練って仕事に着手することができる。

【機会開発型】
いつも新しい視点で捉え、マンネリを嫌うタイプ。仕事のやり方に創意工夫をこらし、将来への可能性をそこに見出そうとすることができる。

【業務処理型】
与えられた仕事を確実にこなすことを大切にするタイプ。マニュアルや手続きといったものを活用して間違いのない結果を出すことができる。

【問題解決型】
仕事を解決する問題として受け入れるタイプ。どこに問題があるかを見抜き、生産性を向上させたり、コストを削減したりする目標を実現することができる。

第 11 講　　自分を知る③

―自分の特性・持ち味を探る―

> **<本講の目的>**
> 自分の特性・持ち味の捉え方を理解し、多様な視点から把握しなおし、自信を持てるようにする。

<事前課題>
　自分の長所、短所についてできるかぎり記述し、あわせて理由や裏付けを考えてください。

短所	長所

＜講義＞

1　自己概念

1-1　自己概念とは

　自分自身に対して抱いている考えやイメージ、枠組みのこと。自分の性格や能力、身体的特徴についての比較的永続した考え。

①過去の経験を統合した知識や自己観察から形成される。

②周りにいる他者と自分との相互作用を通じて、自分自身の姿を修正しながら作り出していく。

③自分の意志や行動を左右し、将来を方向づける背景となる。

　　⇒自分のキャリアデザインに影響を与える。

1-2　自己概念の一致

　カール・ロジャーズ（アメリカの心理学者）は自己概念と経験・出会いを次のように説明した。

（1）自己概念と経験が一致しているとき

　人は自己成長を実感できる。その経験はすんなり受け入れられる。

（2）自己概念と経験が一致しないとき

①合理化 ⇒ 他に原因を持っていく。無意識のうちに合理化して処理する。

②抑　圧 ⇒ 経験を受け入れられない。相手や環境を認められない。

＜自己概念の一致＞

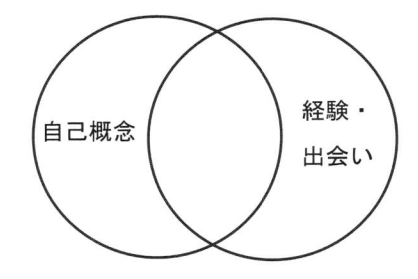

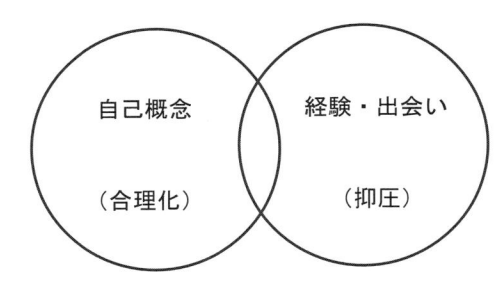

自己概念と経験が一致しているとき　　　　　自己概念と経験が一致しないとき

1-3　自己概念を広げるためにできること

　自己概念を豊かにすることによって、いろいろな人や経験を受け入れられるようになり、安定した気持ちになる。

①新しい経験を増やす。

　　⇒自分の枠組みだけで考えていることを広げて、新しい自分を知る。

②他者からのフィードバックをもらう。

　　⇒周りの人は自分にとっての鏡。自分がどのように映っているか、自分が気づかないことを他者から教えてもらえる場合がある。

③役割を重ねる。

⇒ドナルド・E・スーパー（アメリカの職業心理学者）は、「人は発達過程において、役割を重ねることで自己概念も変化する」と述べた。

キャリアとは「人生のある年齢や場面のさまざまな役割の組み合わせ」であると考えた。人生全般にわたり、職場、学校、家庭、地域などを舞台として、7〜9の役割が重なりあっているとして、それを虹の形にたとえて「キャリアの虹」と呼ばれる概念図で説明している。その役割の重なりは年齢とともに変化していく。

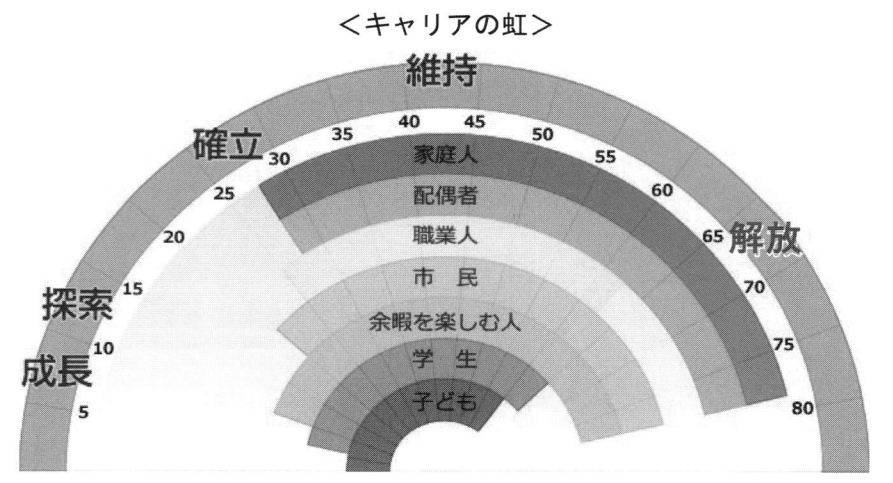

・家庭人……生活の場を作る人、家事をする人
・職業人……会社員・公務員・自営など収入を得る仕事
・余暇を楽しむ人……趣味・スポーツ・旅行など
・子ども……息子・娘としての立場

・配偶者……夫・妻（この役割がない人もいる）
・市　民……社会の一員・社会貢献など
・学　生……学ぶという立場にいる人

<ワーク1>

　自分の自己概念について、一致した経験と、不一致だった経験について、グループで共有しましょう。

2．「特性・持ち味」探求の意義

2-1　「特性・持ち味」を探る目的

①自分のアイデンティティ（自己定義）を明確にする。

②職業選択の基準にする。

③キャリア形成の目標を定める。

・強みを活かす、強みをさらに伸ばす。

・課題を克服する。

2-2　アイデンティティについて

（1）アイデンティティとは

　「自己同一性」「自我同一性」と訳され、「これが自分である」という感覚のこと。アメリカの心理学者・精神分析家のエリク・H・エリクソンが提唱した。自己イメージである「自己概念」とは異なる。

（2）アイデンティティの特徴

①自分が固有な存在であり、「私はほかのだれとも違う自分自身であり、私は１人しかいない」という自信（斉一性：Sameness）。

②「今までも、今も、これからの私も、ずっと私であり続ける」という確信。自己が環境や時間の変化にかかわらず、連続する同一のものであること（連続性：Continuity）。

③アイデンティティの確立は青年期の発達課題である。

（3）アイデンティティの危機と確立

①アイデンティティの危機とは、自分が何者かもわからず、将来が不安になり、自分らしさが失われていくような状況のこと（アイデンティティクライシス）。同年代の同性・異性との間に親密な関係がうまれず、社会集団の中での自分の立ち位置や役割がわからなくなること。

②アイデンティティの確立とは、自分はこういう人間だという自覚を持つこと。同年代の社会集団の中で自分の存在が認められることで、集団や社会の一員であるという認識を持つこと。

③アイデンティティは青年期に確立して完了するものではなく、ライフサイクルのそれぞれの段階において、社会的な課題に直面し、「自分の人生はこれでいいのか」という心理的葛藤を克服しながら自己を確立していく。

3．「特性・持ち味」の内容

3-1「先天的なもの」と「後天的なもの」

①「先天的なもの」（気質・身体的特徴）と「後天的なもの」（知識、スキル、習慣的性格、コンピテンシーなど）がある。

②次図の三角形の底辺から頂点に向かうほど、習得が容易になる。

3-2　コンピテンシーについて

①コンピテンシーとは「習慣づけられた行動特性」。

②ビジネスでは「高い業績を上げている社員に共通にみられる行動特性」。「どのような場で」「何を」「どのように行ったか」を具体的に取り上げて分析する。

3-3　性格

　先天的な「気質」と、その後の生活環境や人生経験によって形成される「習慣的性格（価値・態度）」がある。

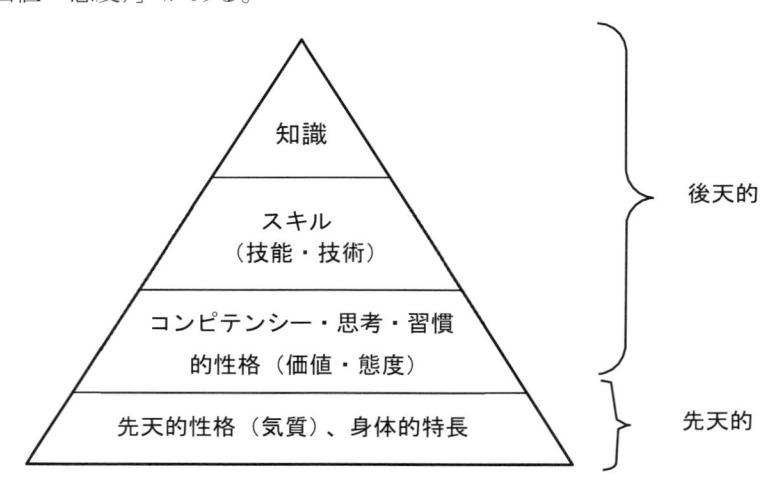

4．リフレーミングの考え方

4-1　リフレーミング（Reframing）とは
①ある枠組み（フレーム）で捉えられている物事について、枠組みをはずして、違う枠組みで見ること。
②リフレーミングは下記の2つの方法がある。リフレーミング一覧は次ページを参照。

＜内容のリフレーミング＞
・「他にどんなプラスの意味・側面があるのか？」という視点から物事を捉えていくこと。
（例）短所：短気な性格→長所：行動や決断が速い

＜状況・場所のリフレーミング＞
・「他にどのような状況・場所で役に立つのか？」という視点から物事を捉えていくこと。
（例）短所：神経質→注意が必要な現場ではプラスになる

4-2　リフレーミングで「肯定的自己概念」を形成する
①リフレーミングを行うことによって短所の「肯定的な側面」に焦点を当てて、肯定的自己概念を形成する。短所（例：短気な性格）をそのまま放置することではなく、状況に応じて修正することも必要。
②肯定的自己概念とは「～できる」「～が得意である」「～に満足している」「～に自信がある」など自分の性格、能力、行動、考え方などを肯定的に捉えていること。その反対が「否定的自己概念」。否定的自己概念は自分に自信がなく自尊感 情も低く、行動は消極的で、意欲的でなくなる。
③肯定的自己概念は人を積極的に行動させるエネルギー源となり、適応や成長を促し、次のステップへ意欲的に挑戦することを動機づける。

＜ワーク２＞
・＜事前課題＞で書いた自分の短所と長所がリフレーミングの関係になっているかどうか確認してみましょう。
・次ページの＜リフレーミングの例＞を参考にして短所を長所にリフレーミングしてみましょう。

短所	長所にリフレーミング

<リフレーミングの例>

　1〜23 は「内容」のリフレーミング。短所だと思っていたことが、視点や角度を変えてみると長所の要素を発見することもある。

　24〜30 は「状況・場所」のリフレーミング。短所だと思っていたことが、状況や場所を変えると、逆に長所になる可能性もある。

短　所　←――――――→　長　所	
1．頑固、しつこい、凝り性	信念が固い、粘り強くやり遂げる
2．取り越し苦労、優柔不断	よく考えてから行動する、気を配る
3．口下手、無口、無愛想	正直、聴き上手、媚びない、飾らない
4．強引、おせっかい、押しが強い	面倒見がよく、頼れる存在
5．飽きっぽい、集中力がない	頭の切り替えが速い、好奇心が強い
6．短気、せっかち、そそっかしい	行動が速い、決断が速い、積極的
7．自己中心的、他人に配慮しない	主体的に考える
8．八方美人	まわりへの気配りができる
9．のんびり屋、のんき	柔軟に対処できる、気長
10．人の顔色をうかがう	他人に配慮する、勘が鋭い
11．はきはきしない、消極的	落ち着いている、コツコツやる
12．話がくどい、こだわりが強い	情熱的、熱心、粘り強い
13．独り善がり、意地っ張り	しっかりもの、はきはきしている
14．負けず嫌い、出しゃばり	物怖じしない、くじけない
15．お調子もの、騒々しい	ユーモアがある、明朗、快活
16．ちゃっかりもの、調子がいい	要領がいい、手際がいい
17．無神経、傲慢、軽率	大胆、度胸がすわっている
18．他人事、個別の事情に配慮しない	客観的に考える、フェア、理性的
19．不気味、気味が悪い	個性的、ユニーク
20．ルーズ、いい加減	柔軟、臨機応変、融通がきく
21．人の話を聴かない	頭の回転が速い
22．自信がない	人当たりがよい、優しい
23．ルールを守らない	改革ができる、既成概念を壊す
24．自己中心的	個人主義の強い文化では長所になる
25．こだわりが強い、凝り性	研究機関では長所になる
26．八方美人	顧客対応現場では長所になる
27．不気味、気味が悪い	性格俳優としては長所になる
28．口下手	営業現場では信頼されやすい
29．神経質	注意が必要な現場では長所になる
30．全ての短所	お笑い芸人の場合は短所をネタにする

5．人間関係づくりの特性

　自分を知ることは、他者との関わりをよりよくしていくことにもつながる。人間関係づくりの特性を知るのに、エゴグラム検査（p.172 参照）が活用されている。人間関係のあり方の自分の特徴を理解することは、コミュニケーション能力を高めることにもなる。

5-1　エゴグラムとは

　エゴグラムとはアメリカの精神学者、エリック・バーンが開発した交流分析を基礎理論とし、アメリカの心理学者、Ｊ・Ｍ・デュセイが考案したものである。人間の心を５つの領域「批判的な親の心」「養育的な親の心」「大人の心」「自由な子供の心」「順応した子供の心」に分けている。　自分の考え方（思考）、感じ方（感情）、対人関係の持ち方や周囲の人々に対する接し方（行動）についての特徴やクセは、５つの領域がどのように働きかけているかで決まる。

4-2　5つの要素

① CP（Critical Parent、批判的な親の心）
- ・信念に従って行動する厳しい父親のような親の心。自分の価値観や考え方を優先して理想を求める。CP が強すぎると尊大で批判的になりがちになる。
- ・言葉：「バカ！」「駄目だな！」、態度：他人を見下す、断定的

② NP（Nurturing Parent、養育的な親の心）
- ・思いやりを持って世話をするやさしい母親のような親の心。親身になって人の面倒を見る優しさが特色。NP が強すぎるとおせっかいになる。
- ・言葉：「よかったわね」「よくできたわ」、態度：世話を焼きたがる

③ A（Adult、大人の心）
- ・事実に基づいて物事を判断しようとする合理的な大人の心。データを集めて理論的に処理する。A が強すぎると打算的で冷たい人間に見られる。
- ・言葉：「なぜ」「具体的にいうと」、態度：理詰めでくる、計算高い

④ FC（Free Child、自由な子供の心）
- ・自分の欲求のままに振る舞い自然の感情を表す自由な子供の心。明るく無邪気で行動的である。FC が強すぎるとわがままで他人への配慮に欠ける。
- ・言葉：「やったー」「わぁ、すごい」、態度：はしゃぐことが多い、無邪気

⑤ AC（Adapted Child、順応した子供の心）
- ・自分の本当の気持ちを抑えて、相手の期待に応えようとする順応した子供の心。AC が強すぎるとイヤなことをイヤと言えずストレスをため込むことになる。
- ・言葉：「どうせ私なんか」、態度：常にオドオドしている、人にさからえない

5-3 エゴグラムの読み方

　エゴグラムは各人の個性を表すもので、どういう型が優秀で、どういう型が悪いというものではない。また、年齢、発達段階、生活状況によっても異なる。重要なのは現在の自分の性格のクセを把握し、高いところ（長所）を活かす方法、低いところ（短所）を補う方法を作りだすことである。

　エゴグラムの「高・中・低」（20 点満点）は下記を目安にする

⇒高：20～16点、中：15～10点　低：9～0点

（1）エゴグラムの総得点をチェックする

　①総得点が高い場合（5つの領域の得点が高いところで分布）
　　⇒活動的、生活・精神エネルギーが高い、社会・周囲と関わる
　②総得点が低い場合（5つの領域の得点が低いところ分布）
　　⇒消極的、生活・精神エネルギーが低い、社会・周囲に無関心

（2）エゴグラムの形状についてチェックする

　①エゴグラムに山や谷があまりない場合
　　⇒全体的に安定し、生活も波風が立ちにくい傾向
　②エゴグラムに山や谷が目立つ場合
　　⇒感情の起伏が激しく、生活も波風が立ちやすい傾向

（3）5つの領域の中で高い項目、低い項目をチェックする。

　・5つの領域に差がない場合は、1 番目に高い項目、最も低い項目をチェックする。
　・高い領域が行動・態度の中心になって頻繁にあらわれ、低い領域はあまり行動・態度になってあらわれない。それぞれの5つの領域は影響し合い、生活環境の中で、行動・態度になってあらわれる。
　　例）CPが高く、NPも高い場合
　　⇒後輩を厳しく指導するが、フォローも忘れない

<ワーク3>
　エゴグラム検査を実施し、自分の特性を確認しましょう。

5-4　エゴグラムの活用

（1）5つの領域を高める方法

＜ポイント＞

- 高いところはそのままにして（活かして）、低いところを上げて、バランスをとる。
- まずは FC、NP、A をあげる。
- 特にAはPとCの意見を統合し、そのときどきの状況に応じて「どのような行動を取るべきか」の判断を下す役割を担っている。
- A を上手に働かせることが5つの心を使い分けて、性格を変化させていくためのポイントになる。

① CP を高める場合
- 時間、金銭にやかましくなる。
- 自己主張をすることを心がける。
- 人を指導する。
- 自分自身に対する要求水準を高く持ち、妥協することを避けるようにする。

② NP を高める場合
- 自らすすんで挨拶する。
- 相手の好ましい点をできる限り口に出して誉めるようにする。
- 忙しい人の仕事を積極的に手伝ってみる。
- 相手の行為に関しては必ず「ありがとう」とお礼をいう習慣をつける。

③ A を高める場合
- 計画を立て、それに沿って行動する。
- 出来る限り、論理立てて考えるようにする。
- 考えを文章にする。
- 感情に流されないで、客観的な事実を確認する。

④ FC を高める場合
- いままでやったことのない新しいことに積極的に取り組んでみる。
- 日頃から自分が感じたことを素直に口にだすようにする。
- 冗談を言ってみる、とにかく笑う。
- 芸術・娯楽を楽しむ。

⑤ AC を高める場合
- 何かするとき，相手の許可を得てからするように心がける。
- 相手の立場になって考え、相手を優先するようにする。
- 相手がどう感じたか聞いてみる。
- 上手に甘えてみる。

（2）相手との付き合い方

＜CP が高い相手の場合＞

・こちらが真面目な人間であるという印象を植え付けるようにする。

・理想や信念を持って、相手に接するように心がける。

＜NP が高い相手の場合＞

・遠慮しないで公私にわたって相談をもちかけるようにする。

・相手に対して、上手に甘えてみる。

＜A が高い相手の場合＞

・利害関係忘れないで接するようにする。

・話をするときは、具体的に要領よくするように心がける。

＜FC が高い相手の場合＞

・あまり調子に乗せ過ぎない程度に持ち上げてみる。

・出来る限り笑顔で接するように心がける。

＜AC が高い相手の場合＞

・自分が味方であるという態度をとり、相手の意見を尊重する。

・何事も慎重に接するよう心がける。

第12講　自分を知る④

—自分のこだわりや価値観を探る—

> **＜本講の目的＞**
> 　自分の価値観について明確化し、職業選択の参考にすることができるようになる。

＜事前課題＞
①これまでの経験を振り返って、楽しいと感じたのはどういう時ですか？ 楽しめるとあなたに感じさせたものは何ですか？
②逆に楽しめないと感じたのはどういう時ですか？ 楽しめないとあなたに感じさせたものは何ですか？
それぞれ複数あげ、共通性を見出してみましょう。

	どういう時	感じさせたもの
① 楽しいと感じた		
② 楽しめないと感じた		

<講義>

1. 「価値観」探求の意義

1-1　価値観とは

　何が大事で何が大事でないか、何にどういう価値を認めるかという判断、物事の優先順位づけ、物事の重みづけの体系のこと。
　①大切にしていること
　②やる気・満足の要因
　③無意識の信条

1-2　価値観を理解する目的

　①キャリア形成・自己成長を促進する。
　　・促進要因、阻害要因を理解する。
　　・無意識の信条（禁止令・ドライバー）に気づき、修正する。
　②相手の価値観と折り合いをつける。
　　・組織に適応したり、他者と関係構築したりする。
　　・「譲れるもの、譲れないもの」を理解する。
　③人間の幅を広げる。　新たな価値観を取り込む。

1-3　価値観の形成要因

　①家庭環境　　養育者、保護者など。
　②学校教育　　教員、部活・サークルの指導者など。
　③友人関係　　グループリーダー、仲間など。
　④社会　　　　時代状況、経営環境など。
　⑤メディア　　本、TV、インターネットなど。
　⑥出来事　　　インパクトのある出来事、予期しない出来事など。

2. キャリア・アンカー

2-1　キャリア・アンカーとは

　「キャリア・アンカー」とは、キャリアにおける選択の判断基準となるもの。個人がキャリアを選択する際に、自分にとって最も大切で、これだけはどうしても譲れないという価値観や欲求、動機、能力のこと。船の錨(アンカー:anchor)　は船をつなぎとめて安定させるためにある。キャリア・アンカーも同じように　自分の拠り所となりキャリアを安定させるのに役立つ。アメリカの組織心理学　者エドガー・H・シャインによって提唱された概念。

2-2　キャリア・アンカーの8つの指向性

・キャリア・アンカーは教育や仕事経験によって醸成されていく。
・8つの指向性はどれか1つに絞られるものではない。一度形成されると変化しにくく、生涯にわたってその人の重要な意思決定に影響していく。

	キーワード	8つのタイプ	価値観
1	特定専門	専門・職業別コンピタンス	特定の分野で能力を発揮し、自分の専門性や技術が高まることに幸せを感じる
2	総合管理	全般管理コンピタンス	集団を統率し、権限を行使して、組織の中で責任ある役割を担うことに幸せを感じる
3	自由・自律	自律・独立	組織のルールや組織に縛られず、自分のやり方で仕事を進めていくことを望む
4	安全・安定	保障・安定	ひとつの組織に忠誠を尽くし、社会的・経済的な安定を得ることを望む
5	創業・創意	起業家的創造性	リスクを恐れず、クリエイティブに新しいものを創り出すことを望む
6	奉仕・貢献	奉仕・社会貢献	社会的に意義のあることを成し遂げる機会を、転職してでも求めようとする
7	チャレンジ・克服	純粋な挑戦	解決困難に見える問題の解決や手ごわいライバルとの競争にやりがいを感じる
8	ワーク・ライフ・バランス	生活様式	個人的な欲求や家族の願望、自分の仕事などのバランスや調整に力を入れる

2-3　キャリアのよりどころを探る3つの問い

①動機と欲求について「自分はなにをやりたいか」
②才能と能力について「自分はなにができるか」
③意味と価値について「自分はなにをやるべきか」
　※「どの会社」と考える前に、「こういう働き方をしたい」ということに意識を傾けることが重要。

<ワーク1>
　キャリア・アンカーについて、気になるアンカーはどれか、気になる順に◎、○、△、✕をつけ、理由を考えてみましょう。

<ワーク2> キャリア目標

　今後どのようなキャリアを目指したいですか？ ◎、○、△、×を記入しま しょう。

　「特に目指していきたい」……◎　「目指していきたい」……○、

　「よく わからない、どちらともいえない」……△　「目指さない」……×

1．リーダー志向型（　　　　　）
　　仕事や生活の場で人々を指導していく立場に立つこと。

2．熟練プロフェッショナル型（　　　　　）
　　専門的な知識や技術を習得し、その分野における「権威者」になること。

3．信用第一型（　　　　）
　　多くの人々から信頼されるりっぱな人間になること。

4．社会奉仕型（　　　　）
　　ボランティア活動などを通し、地域や社会と積極的に関わっていくこと。

5．リッチ志向型（　　　　）
　　事業や商売に精を出し、富と財産を手に入れること。

6．人間関係重視型（　　　　）
　　人との出会いや交流を大切にし、豊かな人間関係を築くこと。

7．快楽追求型（　　　　）
　　豊かな衣食住、そして十分な余暇を楽しむこと。

8．真理探究型（　　　　）
　　学問や研究などといった仕事に全力で打ち込むこと。

9．地位・名声志向型（　　　　）
　　ある分野で成功を収め、社会的地位や知名度を高めること。

10．自己成長型（　　）
　　自分の潜在能力を発掘し、可能性を開かせること。

＜ワーク３＞　仕事をする上で大切にしたいこと

　仕事をする上で大切にしたいことは何ですか？　◎、○、△、×を記入しましょう。「特に大切にしたい」……◎、「大切にしたい」……○、「よくわからない、どちらともいえない」……△、「大切にしない」……×

1．適職（　　　　　）
　　仕事が好きであり、自分の価値観やスキルに合っていること。

2．プライベート
　　自分の仕事について家族や親しい人の理解が得られ、さらにワークライフバランスが図られていること。

3．自己表現
　　仕事において、自分の考えを周囲の人々に伝えることができること。

4．環境適応
　　仕事や状況の変化に自己を適応させたり、仕事の中で、困難や障害を乗り越えたりすることができること。

5．環境整備
　　仕事の手順が明確で、会社の設備、立地といった職場環境が整備されていること。

6．人間関係
　　職場での人間関係が円滑であり、社員同士の相互交流があること。

7．業務遂行
　　職場において業務を遂行することを重視し、目標を達成していくこと。

8．期待・評価
　　職場で上司や周囲から期待や信頼、評価が得られること

9．専門性
　　専門能力を発揮して、仕事を進める上での主導権を握ること。

10．報酬
　　仕事に対する成果や賃金が一定水準以上、保障されていること。

（1）　＜ワーク１＞＜ワーク２＞＜ワーク３＞で記入した「◎、〇、×」 の項目
　　　名を下記の表の中に転記しましょう。

	◎	〇	×
＜ワーク１＞ キャリア・アンカー			
＜ワーク２＞ キャリア目標			
＜ワーク３＞ 仕事をする上で 大切にしたいこと			

（2）結果をグループで共有し、自分の価値観について気づいたこと・考えたことを
　　　書いておきましょう。

第13講　事例研究
―ゲストスピーカーの話―

> **＜本講の目的＞**
> 　ゲストスピーカーの話を通して、職業・仕事観、キャリアについての考え方や姿勢・行動について学び、今後の自分のキャリアデザインの参考とする。

1．話の聴き方

（1）目的意識・問題意識を持つ

①「聴講の目的」を明確にする。

②「学ぶ」という意識を持つ。

（2）メモをとりながら聴く

①ゲストスピーカーの言葉や講演内容について、重要だと思われることを書き留める。

②不明な点や疑問に思ったことは書き留めて、後で確認する。

（3）自分の中に取り込む

①ゲストスピーカーの考え方を自分なりにアレンジし、実践する。

②実践の結果をチェックしながら、自分の中に取り込む。

2．講話の主な内容

①幼少期はどんな子供だったのか。将来について、どんな夢や希望を持っていたのか。

②学生時代はどのような学生だったのか。学生時代、熱中したことや打ち込んだこと。

③学生時代、卒業後の進路についてどう考えていたのか。

④社会人としてのキャリアについて。転機や人との出会いによって変わったこと。自己理解。

⑤現在の仕事とやりがい。

<ワーク>
　①ゲストスピーカーの話を聴いて、感じたこと、気づいたことは何ですか？
　②話の中で重要だと感じた点は何ですか？
　③教訓にしたいことは何ですか？

_____

_____

_____

_____

_____

_____

_____

_____

_____

_____

_____

_____

_____

第14講　まとめ①

—振り返り・自身の WILL を見つける—

> **＜本講の目的＞**
>
> 　第9章から 12 章まで自己分析を行ってきた。ここではさらに色々な角度から分析を行い、自身の WILL をみつける。今後の学生生活、キャリアデザインにおいて主体的な行動がとれるようになる。

＜事前課題＞

　第9章から 12 章まで自己分析を振り返って、それぞれの分析結果をまとめた上で、自分で気づいたこと、今後、活用・実践したいことと、すでに実践していることについて記述してください。

① 第9講

② 第 10 講

③ 第 11 講

④ 第 12 講

1．自己分析をなぜ行うのか？

　就活を始めると自己分析が重要だと言われている。自己分析は就活だけでなく、就職後の生活にも大きく影響する。職業生活 50 年の中で必ず人生の節目はあるが、そこで自己分析を行った結果、行動すると良い選択ができたと満足する人が多い。

　自己分析は、今までの経験や考え方などを振り返り、自分の価値観を明確にするために必要である。つまり、自分の人生の「目的」と「手段」を知るために必要なものである。どのような環境下で働くとイキイキできるのか。自身が仕事に対して求めるものが明確化できるようになる。

　「（その仕事を）やらなければならないから」「できることだから（仕事を）やる」といった社会人が多いが、そのような受身で仕事をしていては 50 年働く時代ではしんどい。そうなると「キャリア」ということも絵に描いた餅である。

　学生から「何かやりたいけど、何がしたいのかわからない」と言う声を聞くことも少なくない。迷いを持ったまま"あっという間"の 4 年間を過ごすことは大変もったいない。最近では、企業においても「自分が何をしたいのか」が明確になっていないと採用しないケースが圧倒的に多くなった。

　そこで「WILL＝やりたいこと」を明確にしていくワークを行っていく

2．「WILL＝やりたいこと」を見出すための「原体験」エピソード

　「WILL」とは自身の中にある「意志」である。「あれをしたい」「ああなりたい」「ありたい姿」というものが自分のうちから湧き上がってくるものを指す。湧き上がってくるものは「原体験」が基本となる。ひとは頭の中で想像したことを「やりたい」と思い、行動してはじめて「好き」「嫌い」「得意」「不得意」といった感情を得る。体験したことの中からしか「意志」は生まれないのである。過去の体験から振り返ってみると「WILL＝やりたいこと」が見えてくる。

＜ワーク 1 ＞
　下記の時期（括弧の年齢を目安に）、自身の感情が動いた場面（いつ、何があった・エピソード）について書き出してください。

幼少期（〜10 才）
　①嬉しかったこと／楽しかったこと
　②自信や誇らしさを感じたこと
　③悔しかったこと／憤ったこと
　④悲しかったこと／辛かったこと

学生時代（11 才〜20 才）
　① 嬉しかったこと／楽しかったこと
　② 自信や誇らしさを感じたこと
　③ 悔しかったこと／憤ったこと
　④ 悲しかったこと／辛かったこと

＜ワーク２＞

　＜ワーク１＞で書き出したエピソードの中で「最も感情の動く 10 秒」を書き出してください。エピソードの中の「感情の最大瞬間風速」を特定するイメージで記述しなさい。

　【感情が動いた中でも、特に心が動いた瞬間：例「それはいつ？　何が起きた？」「何が見えた？」「何が聴こえた？」「何を感じた？」「そのとき、何を考えた？」「どんな気持ちだった？」「何を言いたくなった？」】

幼少期（〜10 才）
　① 嬉しかったこと／楽しかったこと
　② 自信や誇らしさを感じたこと
　③ 悔しかったこと／憤ったこと
　④ 悲しかったこと／辛かったこと

学生時代（11 才〜22 才）
　① 嬉しかったこと／楽しかったこと
　② 自信や誇らしさを感じたこと
　③ 悔しかったこと／憤ったこと
　④ 悲しかったこと／辛かったこと

＜ワーク３＞

　過去や日常での体験から「プラスの影響を与えてくれた人物」の名前を書き出してそれぞれ設問について回答ください。

幼少期（〜10 才）に「影響を与えてくれた人物」
　① もっともプラスの影響を与えてくれた人物は？
　② あこがれていたところは？
　③ 尊敬していたところは？
　④ 助けられたところは？
　⑤ そこから得られた学びや気づきは？
　⑥ 改めて大切にしたいこと／本当のあなたらしさは

学生期（11才〜22才）に「影響を与えてくれた人物」
　① もっともプラスの影響を与えてくれた人物は？
　② あこがれていたところは？
　③ 尊敬していたところは？
　④ 助けられたところは？
　⑤ そこから得られた学びや気づきは？
　⑥ 改めて大切にしたいこと／本当のあなたらしさは

出所：森田市郎『一生ブレない自分軸の身につけ方』鴨ブックス，2023

3．「WILL＝やりたいこと」を見出すための自己理解メソッド

　自己理解メソッドを開発した八木仁平氏によれば、「WILL＝やりたいこと」がわからないのは曖昧な言葉で考え始めるからだとしている。
　「本当にやりたいこと」を見つけるためには、重要なピースは３つあり、それらを明確にすることが必要だとしている。
　「好きなこと」×「得意なこと」×「大事なこと」の３つを掛け合わせることで「本当にやりたいこと」が見えてくるとしている。

＜ワーク４＞
　「本当にやりたいこと」を見出すための３つ「好きなこと」「大事なこと」「得意なこと」について分析してください。それぞれのリストから自分に当てはまるワードを選択してください。すべての分析が終わった後、抽出されたワードから気づいたことや感じたことを書いてください。

※それぞれの【リスト】の中から、「あなたが自然と動いてしまうこと」を５つまでチェックする。重要度の順番に関係なく書き記していく。それぞれを一つ一つ対比させていき、２つのうちのより自分らしいことを「１」、そうではないものを「０」とする。選択した語句の比較が全部終わったら点数の高い順に並び変える。

表 14-1　好きなこと（興味）の例 100 リスト

動物	葬儀	インテリア	宗教
花	自動車	医療技術	芸能
農業	飛行機	リハビリ	事務
林業	バイク	薬	保安
宇宙	船	福祉	介護
自然環境	本	学校教育	エンタメ
ロボット	雑誌	保育	レジャー
IT	新聞	政治	広告
コンピューター	ゲーム	法律	マーケティング
アート	アニメ	語学	化学
写真	漫画	国際	おもちゃ
商品デザイン	スポーツ	金融	食品
鉄道	格闘技	ビジネス	電気
音楽	トレーニング	キャリア（就職・転職）	不動産
歌	アウトドア	経営	経済
楽器	グラフィックデザイン	不動産	医療治療
イベント	ファッション	性	医療サポート
舞台	美容	電機	恋愛
映画	リラクゼーション	文房具	結婚
テレビ	料理	心理	家庭
旅行	お菓子	哲学	飲食
観光	栄養	家庭	コンサルティング
テーマパーク	お酒	タバコ	サービス
ホテル	建築	行政	物流
ブライダル	土木	運輸・輸送	営業・販売

出所：八木仁平『世界一「やりたいこと」の見つけ方』KADOKAWA, 2023

表 14-2　大事なこと（価値観）の例 100 リスト

発見：新しいものごとを見つけ出す	家族：幸福で愛に満ちた家庭を作る
正確性：自分の意見や信念を正しく伝える	タフネス：丈夫で強い身体を保つ
達成：何か重要なことを達成する	柔軟：新たな環境にも簡単になじむ
冒険：新しくてワクワクする体験をする	許し：他人を許しながら生きる
魅力：身体的な魅力を保つ	友情：親密で助け合える友人を作る
権力：他者に対して責任を持って指導する	楽しさ：遊ぶことで人生を楽しむ
影響：他人をコントロールする	気前のよさ：自分の物を他人に共有する
自律：人まかせにしないで自分で決める	信念：自分が正しいと思う通りに行動する
美：身の周りの美しいものを味わう	信教：　自分を超えた存在の意思を考える
勝利：自分や相手に打ち勝つこと	成長：　良い方向への変化と成長を維持する
挑戦：難しい仕事や問題に取り組む	健康：健やかで体調よく生きる
変化：変化に富んだバラエティ豊かな人生を送る	協力：他者と協力して何かをする
快適さ：ストレスのない快適な人生を送る	正直さ：ウソをつかず正直に生きる
誓約：絶対に破れない約束や誓いを結ぶ	希望：未来に望みを持って生きる
思いやり：他者に心を寄せて助ける	謙遜：つつましい態度で生きる
貢献：世界の役に立つ	ユーモア：人生や世界のユーモラスな側面を見る
人助け：周囲の人の役に立つ	独立：他者に依存しないで生きる
礼儀正しさ：他者に対して誠実で礼儀正しく接する	勤勉：自分の仕事に一生懸命取り組む
創造：新しくて斬新なアイディアを生む	平穏：自分の内面の平和を維持する
信頼：信用があって頼れる人間になる	親密：少数の人と密接な関係を築く
義務：自分の義務と責任を果たす	公平：全ての人を公平に扱う
調和：周囲の環境と調和しながら生きる	知識：価値ある知識を学ぶ、または生み出す
興奮：スリルと刺激に満ちた人生を送る	余暇：自分の時間をリラックスして楽しむ
誠実：関わった人にウソをつかず誠実に生きる	愛される：親しい人から愛される
名声：有名になって存在を認められる	愛慕：誰かに愛をあたえる

熟達：いつもの仕事・作業に習熟する	孤独：他人から離れて1人でいられる時間と空間を持つ
現在：今の瞬間に集中して生きる	精神性：精神的に成長し成熟する
慎み：過剰を避けてほどよいところを探す	安定：いつも一定して穏やかな人生を送る
ひとりに尽くす：唯一の愛し合える相手を見つける	寛容：自分と違う存在を尊重して受け入れる
反抗：権威やルールに疑問を持って挑む	伝統：過去から受け継がれてきたパターンを尊重する
面倒見の良さ：他人の面倒を見て育てる	美徳：道徳的に正しい生活を送る
オープンさ：新たな体験、発想、選択肢に心を開く	裕福：金持ちになる
秩序：整理されて秩序のある人生を送る	平和：世界平和のために行動する
情熱：何らかの活動に熱い感情を抱く	発揮：自分の能力を120%発揮して生きる
喜び：良い気分になること	真理：心理、真実、哲学
人気：多くの人に好かれる	気品：凛とした存在である
目的：人生の意味の方向性を定める	ありのまま：肩肘張らずそのままの自分でいる
合理：理性と論理に従う	熱中：目の前のことに深く集中する
現実：現実的、実践的にふるまう	努力：ある目的のために力を尽くして励むこと
責任：責任をもって行動する	納得：考え抜いて決断を行う
危険：リスクを取ってチャンスを手に入れる	自由：何にも縛られず思うままに生きる
ロマンス：興奮して燃えるような恋をする	表現：自分を世界に対して表現する
安心：安心感を得る	ワンネス：自分よりも大きな世界との繋がりを感じる
受容：ありのままの自分と他人を受け入れる	工夫：もっといいやり方を常に探す
自制：自分の行動を自分でコントロールする	プロフェッショナル：結果に妥協せず取り組む
自尊心：自己肯定感を持つ	味わう：目の前のことを深く堪能する
自己認識：自分について深い理解を持つ	余裕：時間やお金にゆとりがある
献身：誰かに奉仕して生きる	克服：困難なことを乗り越え成長する
性愛：活動的で満足のいく性生活を送る	仲間：同じ目的に向かう同志と過ごす
ミニマル：必要最低限のミニマルな暮らしをする	シンプル：簡素ですっきりした生活を送る

出所：八木仁平『世界一「やりたいこと」の見つけ方』KADOKAWA，2023

表 14-3　得意なこと（才能）の例 100 パターン

アイディアを考える	相手の特徴を把握する
新しいことを始める	仲間外れの人を輪に入れる
自分の意見を主張する	一度に複数のタスクをこなす
物事を達成する	献身的にサポートする
合理的に判断する	物事を肯定的に捉える
挑戦する	成果を上げるために多くの時間を使う
未来を描く	物事を俯瞰する
人前で話す	綿密なスケジュールを立てる
人の話を聞く	他者の感情に共感する
率直に意見を言う	あらゆる可能性を考える
新しい人と仲良くなる	ルールを守る
1 つの物事を極める	独自のやり方で工夫する
人を巻き込む	1 位を目指して努力する
深く考える	人を公平に扱う
新しい知識をインプットする	規則に固執せず自由に考える
リスクを見つける	他者のモチベーションを上げる
ミスなく正確に進める	習慣を作る（秩序をもたらす）
人の気持ちに気づく	未来から逆算して行動する
困っている人を助ける	欠点を改善する
人をまとめる	情報を整理する
過去から学ぶ	裏方で支える
目標達成までの最短ルートを把握する	効率よく物事を進める
戦略を立てる	直感で決める
文章で表現する	親身になりサポートする
体を使って表現する	楽しさを優先して動く

全員で楽しめる企画を考える	地球、宇宙との繋がりを感じる
目標達成に向けリーダーシップを取る	ストーリー仕立てで話す
得た知識を他者に伝える	周囲の意見をまとめる
知的な会話をする	注目を浴びる
人間観察をする	ロールモデルを参考にする
意見の対立を避け、調和に向かわせる	責任感を持ち有言実行する
正義感で行動する	数値や事実など根拠をもとに動く
役を演じる	万が一に備える
集まりに参加する	1 対 1 で人と関わる
相手の可能性を信じて支援する	人と深い関係性を築く
緊急事態に柔軟に対応する	人と人を繋げる
適材適所を考える	一点集中で物事に取り組む
優先順位に従って行動する	人の魅力・才能を引き出す
整理整頓する	本質を追求する
納得するまで考える	新しいコンテンツを企画する
アイディアを統合する	人の力を頼る
スケジュールを管理する	他人の歴史に興味を持つ
アイディアを行動に移す	コツコツ根気強く取り組む
人の背中を押す	倫理観に沿って正しい行動をする
マニュアルを作成する	協力して大きな成果を出す
最先端の物事を知る	細部まで計画を立てる
人に指示をする	高い理想を掲げて動く
断言する	好奇心に従って行動する
今のこの瞬間を大切にする	見えない世界との繋がりを感じる
なんでも受容する	流行に乗る

出所：八木仁平『世界一「やりたいこと」の見つけ方』KADOKAWA, 2023

<回答・メモ欄>

４．自分を突き動かす動機「ディープドライバー」

　ディープドライバーとは「あなたを突き動かす動機の源泉」。提唱者である古川武士氏は、ディープドライバーから生まれた動機によって何かに取り組んでいるときに、そのことに夢中になり、没頭し、「やりたいことができている」と感じることができるとしている。

　「やりたいこと」を見つけることはとても大切である。「やりたいこと」は様々な要因から変わっても良いとしている。

　「不易流行」ということわざの意味は、「いつまでも変化しない本質的なものを大切にしつつも、時代に応じて新しいものを取り入れること」である。
運命や偶然の出会いによって「やりたいこと」は「流行」と捉えることができる。「不易」にあたるものが「ディープドライバー」と古川武士氏は説いている。
ディープドライバーの言語化のためには「どうする×何を×何のために」を明確にすることである。

＜ワーク５＞

　「あなたを突き動かす動機の源泉」を知るための３つ「どうする」「何を」「何のために」について分析してください。それぞれのリストから自分に当てはまるワードを選択してください。すべての分析が終わった後、抽出された語句から気づいたことや感じたことを書いてください。

※まず、表 14-4「**どうする**」リストから自分に当てはまるワードを３〜５つ程度選択する。それぞれのワードから思い出される体験を記述する（ワーク１と２から抽出されたものを参照にする）。複数の体験に共通して出てくる動詞、または自分を突き動かす言葉として欠かせない動詞を抽出し、「何を」自身のテーマ、主題（名詞）を出す。その後、テーマと動詞を掛け算し、表 14-5「何のために」（目的語）を加える。「どうする×何を×何のために」ができるので、すべてをつなげて文章化する。

表14-4　どうする（ディープドライバー）

冒険する	分析する	区別する	目指す
知らない世界に出会う	衝撃を与える	開発する	調べる
刺激する	共感する	決断する	助ける
創造する	おしゃれする	絵を描く	応援する
想像する	成長する	話す	支える
学ぶ	リスクを取る	聴く	計画する
指導する	行動する	励ます	準備する
教える	変化する	勇気づける	成し遂げる
探求する	支配する	書く	飛び出す
影響する	自由でいる	洞察する	進化する
努力する	運動する	発想する	変える
コントロールする	達成する	育てる	強化する
突き止める	目標を立てる	予想する	訓練する
デザインする	習得する	つくる	磨く
整理する	触れる	演じる	燃える
集める	思いつく	演奏する	盛り上がる
貢献する	体系化する	試す	楽しむ
与える	知る	研究する	笑う
世話する	改善する	開拓する	感動する
観察する	実験する	開発する	感激する
説得する	鍛える	発表する	感謝する
動機づける	自分を磨く	探検する	触れる
サポートする	引き出す	挑戦する	味わう
協力する	感じる	発見する	見る
奉仕する	考える	探す	記録する
ひらめく	組み立てる	改善する	描写する
気づく	料理する	突破する	表現する
アイデアを出す	愛情を注ぐ	飛び越える	エキサイトする
独創性を発揮する	手伝う	進む	沸き立つ
新しいものに触れる	卓越する	続ける	高揚する
神聖さを感じる	熟練する	突き進む	勇気づける
成長を促進する	工夫する	乗り越える	楽しませる
人と人をつなぐ	言語化する	突き抜ける	喜ばせる

表 14-5　何のために（ディープドライバー）

子供の権利のために	人道支援のために
高齢者のために	国際平和のために
障がい者のために	技術開発のために
家族のために	イノベーションのために
子供たちのために	文化遺産のために
社会のために	伝統のために
世界のために	自然災害対策のために
平和のために	交通安全のために
自然のために	労働者の権利のために
教育のために	性的少数者のために
健康寿命のために	移民のために
人類のために	戦争難民のために
弱者のために	教育の機会のために
未来のために	医療のために
動物のために	公衆衛生のために
技術のために	青少年のために
公正のために	無償教育のために
自由のために	不良少年の更生のために
平等のために	孤児のために
安全のために	性教育のために
幸福のために	健康教育のために
人権のために	精神保護のために
福祉のために	老人介護のために
国際交流のために	自殺防止のために
食料安全保障のために	青年支援のために
水資源のために	犯罪防止のために
エネルギーのために	社会保障のために
環境保護のために	親子関係のために
防災のために	男女平等のために

表 14-4・14-5 出所：古川武士『ディープドライバー――ほんとうにやりたいことを言語化する方法』BOW&PARTNERS, 2024

<回答・メモ欄>

第15講　まとめ②

—振り返り・今後の目標設定—

<本講の目的>
- これまでの講義を振り返り、学んだことを整理して今後の学生生活に活かすことができる。
- 「キャリアデザイン基礎力」の育成を振り返り、新たな行動目標を立てることができる。
- 上記を踏まえて、今後の学生生活の年次プランを立てることができる。

<事前課題>
　これまでの講義を振り返って、今後、日常・学生生活で活用・実践したいこと、すでに実践していることについて記述してください。

① キャリアの理解（第1～4講）

② 環境理解（第5～8講）

③ 自己理解（第9～12講）

④ まとめ（第13～14講）

＜ワーク１＞　キャリアデザイン基礎力育成の振り返り

　半期で取り組んだ行動目標について下記の項目に従って記述してください。達成評価は４段階＜４：達成できた、３：やや達成できた、２：あまり達成できなかった、１：達成できなかった＞で評価してください。

　「得たこと・教訓」欄には、達成できた（できなかった）要因やポイント、目標達成プロセスで得た経験、知識、スキル等を記述してください。

行動目標	達成評価	得たこと・教訓 （達成要因、経験、知識、スキル等）

<ワーク2>　キャリアデザイン基礎力育成の新たな課題・行動目標

・今期の目標達成の振り返りをもとに、次の半期に向けての「新たな課題・行動目標」を作成してください。
・継続して取り組む課題についても新たに行動目標を作成してください。

課題	行動目標

＜ワーク３＞　　　学生生活の年次ごとのキャリアデザインを立ててみましょう。

年次目標　　1年次⇒
　　　　　　2年次⇒
　　　　　　3年次⇒
　　　　　　4年次⇒

	1年次	2年次	3年次	4年次
4月				
5月				
6月				
7月				
8月				
9月				
10月				
11月				
12月				
1月				
2月				
3月				

第二章

「キャリアデザイン基礎力」を高めるポイント

　第二章では「キャリアデザイン基礎力」（第３講解説）を高めるポイントについて第 16-21 講で解説。

講	キャリアデザイン基礎力	
	6 領域	12 の能力要素
第 16 講	1．学習力	①幅広い好奇心
		②知識を深める力
第 17 講	2．意思疎通力	③発信力・プレゼンテーション力
		④ディスカッション力
第 18 講	3．論理思考力	⑤多様な思考力
		⑥深い理解力
第 19 講	4．挑戦力	⑦決断力・行動力
		⑧メンタルタフネス
第 20 講	5．人間関係構築力	⑨リーダーシップ・フォロワーシップ
		⑩信頼関係構築力
第 21 講	6．問題解決力	⑪問題発見力
		⑫解決策の実行力

第16講　「学習力」を高めるポイント

1．学習力とは

①幅広い好奇心

> ・自ら興味関心あることにとどまらず、今、必要な学習は何かを考え、行動に移すことができる。
> ・人から言われる前に自分の意志で学習することができる。
> ・自分の考えに固執するのではなく、他人に意見を求め、より良い考え・行動へ発展させることができる。

②知識を深める力

> ・指示された文献や方法だけでなく、それ以外を自ら探り、複数の情報を発展的に集めることができる。
> ・知識をより深めるために、自ら時間管理を行い、継続的に学習することができる。
> ・自分の考えに固執するのではなく、他人に意見を求め、より良い考え・行動へ発展させることができる。

2．学習力を高めるポイント

2-1　情報収集に必要な考え方・行動

（1）情報収集の目的

　情報収集とは、自分の知りたいことを得る、自分の求めている結論を導き出すための裏付け探しである。自分の知っていることや持っている知識には限界があり、それを補ったり、確認したり、発見し追加したりする探索が重要なカギになる。

　課題を設定されている場合には、その課題の目的が問題を解決することなのか、アイデアを提案することなのかなどを考え、最終的な結論につながる情報を収集することになる。

（2）主な情報収集の方法
　①インターネットによるキーワード検索
　②新聞、雑誌、書籍、論文、白書やその他統計資料など

③アンケートやヒアリングなど定性的および定量的情報

（3）情報収集のポイント

①できるだけ多くの「一次情報」を収集する。
- 一次情報とは、情報源に接し、直接的に収集した情報。
- 問題意識を持って情報源に接する。

②「二次情報」は鵜呑みにせず、慎重に扱う。
- 二次情報とは、一次情報を編集・加工して作られた情報であり、書き手や話し手のバイアスが入っている情報。

（4）情報編集に必要な考え方・行動

①情報編集の目的・切り口・視点を明確にする。
- 何のために情報を編集するのか？
- どのような視点・切り口から編集するのか？

②情報を整理・分類する。
- 情報を吟味し、不要な情報は思い切って捨てる。
- 情報を要約し、グルーピングする。
- 各情報の関係性を検討する。⇒構造化する。

③情報を組み合わせる。
- 様々な情報を組み合わせて、新しい価値を創造する。

2-2　ヒアリングの心得

（1）ヒアリングとは

①ヒアリングとは「聞き取り」と訳されるが、「情報を収集する」「話を訊きだす」「質問する」「尋問する」という意味も持つ。

②「こちらの聞きたいことを相手に委ねて答えてもらう」という相手主体のものから「相手の話をより広く深く捉えて質問し、新しい気づきや視野を引き出す」という、聞き手主体のインタビュー型のヒアリングが求められるようになっている。

③ヒアリングの成否は聞き手の質問力にかかっているといえる。

（2）ヒアリングの心得

①マナーを守る。
- 身だしなみ、ＴＰＯなど
- 言葉遣い、敬語の使用
- 傾聴の姿勢と態度
- 守秘義務

②事前準備をしっかり行う。
- 相手の基本情報の収集

・質問項目の作成
　　　・仮説を立てる
③内容の確認や質問のしかたに配慮する。
　　　・相手の話を引き出すように工夫して訊く
④訊いて知り得た情報を記録し整理する。
　　　・次回質問項目の準備
　　　・仮説の検証
⑤確認を怠らない。
⑥依頼のしかたを工夫する。
　　　・質問の追加や質問したい相手の追加など

（３）ヒアリング実施の手順
①相手へヒアリングのお願い
②事前準備（相手の基本情報の収集、質問項目の作成）をする
③訊き出した内容の整理（議事録作成）と相手との共有
④③をもとに情報収集、調査、研究
⑤④を整理してまとめる
⑥⑤の内容を相手へ確認
⑦⑥をもとにさらなる情報収集、調査、研究
⑧相手へヒアリングのお礼

＜ヒアリングのチェックリスト＞

①相手に質問する際、相手の都合や時間、訊き方などに配慮して聴くように
　　しているか。

②相手に質問する際、言葉遣いに配慮して聴くようにしているか。

③相手に質問する際、要領よく分かりやすく伝わるように配慮しているか。

④相手に質問する際、事前に５Ｗ２Ｈなどで頭の中で整理してから質問する
　　ようにしているか。

⑤相手に質問する際、相手の話の腰を折らないようにしながら、相手に話を
　　してもらうよう配慮しているか。

2-3　やり抜く力に必要な考え方・行動

　ペンシルバニア大学の心理学者アンジェラ・リー・ダックワースは、著書の中で成功者に共通の能力をＧＲＩＴ（グリット）であると提唱した。ＧＲＩＴとは、直訳すると勇気、気概、気骨であり、物事に対する情熱、最後までやり抜く力のことである。長期間に渡って粘り強く努力し続ける「情熱」と「粘り強さ」こそが、夢や目標をつかむことにつながるというものである。

（１）やり抜く力を持ち合わせている人の４つの特徴

　①興味
　　目標に向かって努力することに喜びを感じる。
　②練習
　　努力を怠らず、ただひたすら練習に励む。
　③目的
　　個人的に面白いだけではなく、自分のやっていること（仕事）の重要性を理解している。
　④希望
　　困難にぶつかり不安になっても、ただひたすら自分の道を歩み続ける姿勢。

（2）「やり抜く力」をはかるグリット・スケール

　　下記の 1.～10. の当てはまる数字にマルをつけてを合計し、10 で割った数値がグリット・スコアとなる。その数値が 3.8 以上だとアメリカ人の 50％よりも「やり抜く力」が高いということになる。

	まったく 当てはま らない	あまり 当てはま らない	いくらか 当て はまる	かなり 当て はまる	非常に 当て はまる
1. 新しいアイデアやプロジェクトが出てくると、ついそちらに気を取られてしまう。	5	4	3	2	1
2. 私は挫折をしてもめげない。簡単にはあきらめない。	1	2	3	4	5
3. 目標を設定しても、すぐべつの目標に乗り換えることが多い。	5	4	3	2	1
4. 私は努力家だ。	1	2	3	4	5
5. 達成まで何ヵ月もかかることに、ずっと集中して取り組むことがなかなかできない。	5	4	3	2	1
6. いちど始めたことは、必ずやり遂げる。	1	2	3	4	5
7. 興味の対象が毎年のように変わる。	5	4	3	2	1
8. 私は勤勉だ。絶対にあきらめない。	1	2	3	4	5
9. アイデアやプロジェクトに夢中になっても、すぐに興味を失ってしまったことがある。	5	4	3	2	1
10. 重要な課題を克服するために、挫折を乗り越えた経験がある。	1	2	3	4	5

出所：ダックワース『やり抜く力ＧＲＩＴ（グリット）　人生のあらゆる成功を決める「究極の能力」を身につける』ダイヤモンド社

2-4　継続力に必要な考え方・行動

（1）セルフ・コーチング力をつける

①セルフ・コーチングとは「自分で、自分に問いかけ、目標を達成すること」。

②セルフ・コーチングのための環境を整える。

　⇒一人で考える時間を確保する。

③セルフ・コーチングのための質問を用意する。

・過去、継続できたものは何か？　それはどうして継続できたか？

・実現したいことは何か？　実現に向けて、今、できることは何か？

・自分の強みは何か？　目標達成のために活用できるものは何か？

・行動してどうだったか？　良かった点、改善点は何か？

（2）セルフ・コーチングのプロセス（WISDOM モデル）

ステップ１：志を立てる（Will）

「なぜ自分はそれをやろうとするのか」「何のために目標を達成するのか」を考える。

▼

ステップ２：成功のイメージを描く（Image）

自分の状態や生活が目標達成後、どう変化するかを具体的に描く。

▼

ステップ３：エネルギー源を探す（Source）

目標達成に向けて活用できる内外の資源（強み、人脈など）を探す。

▼

ステップ４：成功までの地図を描く（Drive　Map）

自分の現状を確認し、目標達成までの方法を考え、適切なものを選択する。

▼

ステップ５：行動に移す（Operation）

「いつ、どこで、何を、どのようにするのか？」を具体化し、行動する。

▼

ステップ６：習慣化への努力（Maintenance）

目標達成のための日々の行動を習慣化する。

途中目標を達成したら、自分に褒美を与える。

他者からの支援を受ける。（例：学内のカウンセリング）

第17講 「意思疎通力」を高めるポイント

1．プレゼンテーション力を高めるポイント

1-1　プレゼンテーションとは
①プレゼンテーションとは「正しい情報を求めている人々に、適切な時間・場所・形式で提供すること。
②目的、場所、相手、人数などによって、さまざまなバリエーションがある。
③ビジネスでは必要不可欠。ビジネスの成否に大きく影響を与える。
④機械に頼ったり、書かれたものを配ったりするだけではなく、人が行うことに意味がある。

1-2　プレゼンテーションの目的

目的	具体例
情報を伝える	データなどの数字や会議などの議事内容を正確に伝える。
説明をする	企業説明会など内容を具体的に説明する。
説得する	営業として、商品の情報を伝え、内容を説明し、相手に納得して買ってもらうように説得する。

1-3　プレゼンテーションのポイント
（1）構成
①目的に合わせてテーマを決める。
②情報を収集する。
③アウトラインを考え、適切な構成法を決める。
④項目をつける。

（2）表現技術
①表現技術は大きく分けてバーバル（言語）表現とノンバーバル（非言語）表現がある。
②アメリカのコミュニケーション研究者であるアルバート・メラービアンは、コミュニケーションによる相手の印象は、93％がノンバーバル表現に影響を受けると指摘した。
③バーバル表現は用語を選択し、効果的な表現方法を考える。
④ノンバーバル表現は、聞き手に好感を持ってもらうように第一印象をよくし、姿勢・表情・視線・態度などに気をつける。

（3）ビジュアル化
①視覚資料は情報量を増やし、印象に残ることを目的とする。
②ビジュアル化は、場に合わせて機器や方法を選ぶ。
③視覚資料は読ませるのではなく、見せるものを作成する。
④視覚資料は、言葉のフレーズ化、図解化、カラー化を意識する。

（４）プレゼンテーション準備の仕上げ

①５Ｗ２Ｈを再確認する。

②時間配分を考え、資料提示をリハーサルする。

③質疑応答について想定し、準備しておく。

④本番後には振り返りを行い、次回のプレゼンテーションに備える。

２．グループディスカッション力を高めるポイント

２－１　グループディスカッションとは

　就活の試験としてよく用いられる、グループディスカッション。グループで与えられたテーマについて議論し結論を出す、といったやり方で進められる。抽象的あるいは具体的なお題を学生に与え、話し合いをさせる形式。

　コミュニケーション力や議論の途中でのリーダーシップ、回答の妥当性を見ている。グループ内でどう振る舞うのかが問われるが、チームに貢献するために自分にあった役目をあらかじめ理解しておくが大切。

　グループディスカッションで見ているポイントは「積極的な姿勢」「協調性・コミュニケーション力」「論理性」「発想力」である。

　テーマとしては「問題になっている社会問題の解決」「新サービスの開発」などで、新しい発想が求められる。

２－２　グループディスカッションにおける役割・評価のポイント

役割	仕事内容	成果への貢献が見られる場合	成果への貢献が見られない場合
司会進行・リーダー	口火を切り、議論をリードする	正しいリードをする	間違ったリードをしている
タイムキーパー	時間を計ること	時間を見て、議論をリードする	ただ時間だけ計っている
書記	議論を書き写し、ヒントを与える	図を用いた切り口の提示や情報整理	ただ時間だけ計っている
アイデア出し役	案を出す	成果に結びつく案を出している	ただ文字だけ写している
議長	最終決定を下す	適切なアイデアの取捨選択	成果に結びつかない案を出している
プレゼンター（発表）	発表する	聞き手にわかりやすく発表をしている	プレゼンが下手くそで伝わらない

出所：ONE CAREER「グループディスカッション完全対策！全テーマの進め方・流れやコツを網羅的に解説」https://www.onecareer.jp/articles/269 を参考に作成。

2-3 性格・強み別におススメの役割

役割	向いている人	向いていない人
司会進行・リーダー	人当たりがよく爽やかな人	根暗でコミュニケーションが嫌いな人
タイムキーパー	議論全体の流れと時間の調整ができる人	頭の回転が遅く、全体の流れと時間の調整ができない人
書記	字がきれいな人・言われたことをミスなくできる人・グラフを描ける人	字が汚い人
アイデア出し役	案をどんどん出せる人。議題に対して専門知識があると強い	真面目すぎて特異な発想が出ない人
議長	意志決定を普段からしている人	他人任せに物事を決めている人
プレゼンター（発表）	声が通る人、結論から話せる人	声が小さい人、人前で緊張して上がってしまう人

出所：ONE CAREER「グループディスカッション完全対策！全テーマの進め方・流れやコツを網羅的に解説」https://www.onecareer.jp/articles/269 を参考に作成。

第18講　「論理思考力」を高めるポイント

1．論理思考力とは

①多様な思考力

- 提示された課題や発生している状況について、事実を客観的に確認し、複数の方法や手段で考えることができる。
- 課題や状況を論理的に考察するために、整理手法や図表を活用して情報を整理することができる。
- 量的／質的な分析を行い、他者に意見を求め、異なる視点から検討し、分析することができる。

②深い理解力

- 課題に対し、これまでに学んだことを応用して解答を導き出すことができる。
- 課題に対し、仮説を立てて、演繹または帰納的に検討することができる。
- 一案だけではなく、複数案の中からより良い解決策を提示し、その解決策は具体性があり、実現可能性を十分考慮することができる。
- 課題に対して、異なる見方や反対の見方も考慮に入れて納得性や効果が高い解決策を提示することができる。

2．論理思考力を高めるポイント

2-1　アイデア発想と整理

（1）ブレインストーミング（ＢＳ法）
　アレックス・Ｆ・オズボーンにより提唱された会議形式の発散型発想法。思いついたアイデアをカードや付箋紙に書き（１枚につき１アイデア）、ボードや模造紙に貼り付けていく。

- ブレインストーミングの４原則
  - ①自由な発想を歓迎する。
  - ②質より量を好む。
  - ③批判や否定はＮＧ。
  - ④アイデアを結合して、新たなアイデアにしていく。

（２）ＫＪ法
　川喜田二郎によるアイデア整理法で、ＢＳ法によって出されたバラバラのアイデアを統合し、新たな発想を生み出し解決策を探っていく方法。

・ＫＪ法の進め方
　①カードにアイデアを書き込む。
　②カードをグルーピングして、グループに見出しを付ける。
　③図解化する。
　④文章化する。

２－２　ロジカルシンキングに必要な考え方・行動

（１）ロジカルシンキングとは
　①物事の関連性（原因と結果、全体と部分、目的と手段）を考えること
　②筋道を立てて、体系的に考えること
　③目標を明確にし、目標達成のシナリオを描くこと（キャリアデザイン）

（２）ロジカルシンキングに必要なこと
　①物事を決めつけず、可能性を追求する
　②全体から部分を見るようにする
　③情報を整理する
　④目的（何を）と手段（どのように）を区別する
　⑤なぜ（Why）を繰り返す
　　例）トヨタ自動車の社風　「なぜを５回繰り返す５Ｗ」

（３）ＭＥＣＥ（ミッシー）という考え方

> ⇒**M**utually（相互に）　**E**xclusive（重なりなく）、
> 　　　　**C**ollectively（全体に）　**E**xhaustive（もれがない）

　①物事の全体像を「重複せず、もれがなく」捉える
　②「重複せず、もれがなく」捉える＜切り口＞が必要
　③＜切り口＞には２種類ある
　　・全体集合を完全に要素分解できる＜切り口＞
　　　（例）年齢、性別、地域、時間、……
　　・全体集合をある程度要素分解できる場合
　　　（例）マーケティングの４Ｐ（製品、価格、販売促進、流通）
　　　　　　質と量、事実と判断……
　　　　　　⇒意味のある＜切り口＞が必要

（4）ロジックツリー

　ロジックツリーは、テーマについて掘り下げたり、原因を探ったりするために、階層をツリー状にして考えるための技法。

　①同じ階層内のボックスは，ＭＥＣＥ（「重複せず、もれがない」）になること。
　②上位から下位に行くにしたがって，具体的な事柄にブレイクダウンすること。
　③階層内の事象が同じレベルであること。

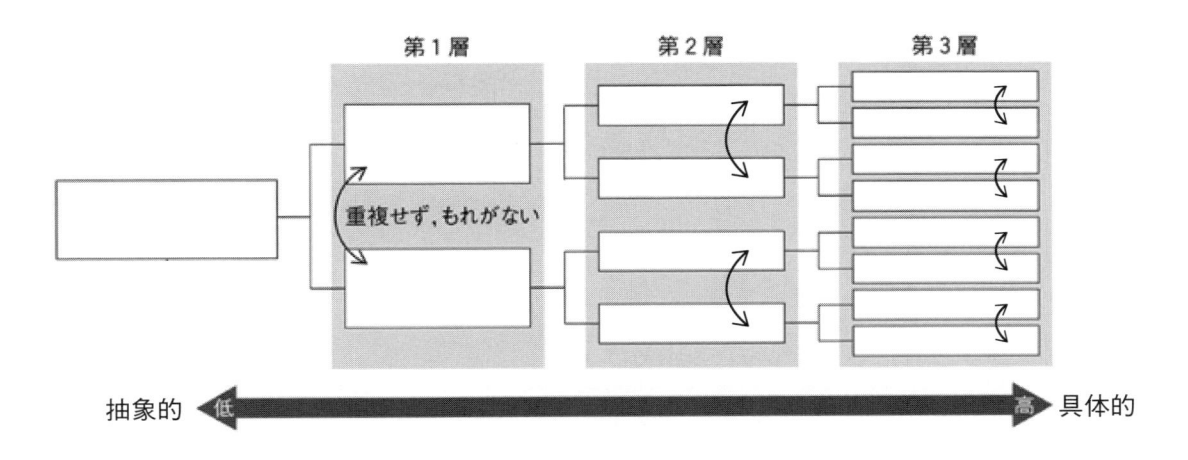

<売上を増やす＞　ロジックツリー例

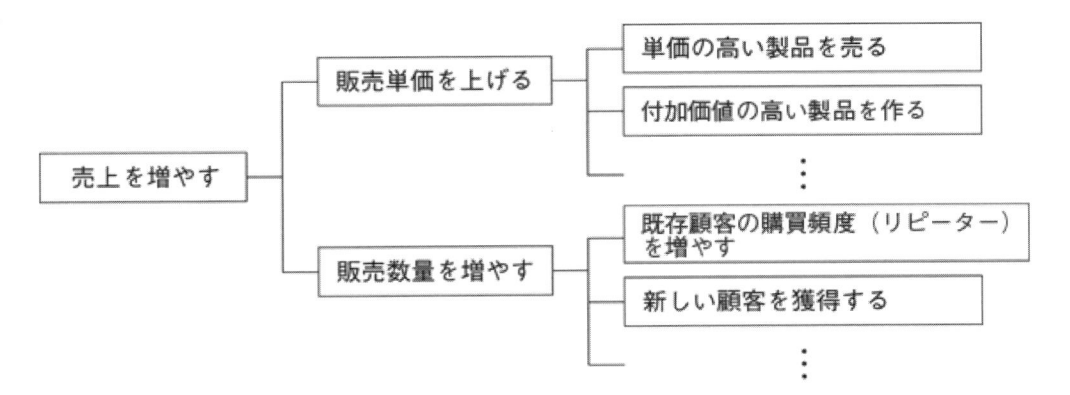

2-3　説得のための手法

　論理的な考え方を使って相手に伝える方法として、主なものに演繹法と帰納法がある。

（1）演繹法

　演繹法とは、一般的・普遍的な事柄を大前提として次の小前提を導き、結論を出す方法。三段論法とも呼ばれる。

（文例）

大前提	生きているものは成長する。
小前提	私は生きている。
結論	よって私は成長する。

（2）帰納法

　帰納法とは、個別の事例を集め一般的・普遍的な法則を見出し、結論へ導く方法。

（文例）

事例の収集1	人は成長する。
事例の収集2	動物も成長する。
事例の収集3	植物も成長する。
結論	したがって生きているものは成長する。

第19講　「挑戦力」を高めるポイント

1．挑戦力とは

①決断力・行動力

> ・既存の取組みに参加するだけでなく、積極的に新たな取り組みに向けて決断し行動することができる。
> ・失敗や困難をチャンスと捉え、あきらめずに挑戦することができる。
> ・具体的な経験を振り返り（内省）、そこから得られた教訓や学びを次の活動へと結びつけることができる。
> ・経験がない領域でも自ら積極的に新たな取り組みを企画し、活動することができる。

②メンタルタフネス

> ・他者との意見の相違を乗り越えるために行動することができる。
> ・思うように進められない状況など不確定要素に直面したときに状況にあわせて対応することができる。
> ・ストレスをうまく軽減・解消する方法をみつけ、乗り切ることができる。
> ・緊張する場面や困難な状況でも、冷静に自分を見つめ、感情をコントロールすることができる。

2．挑戦力を高めるポイント

2-1　挑戦力に必要な考え方・行動
（1）経験学習という考え方

①経験とは人間と外部環境との相互作用のこと。
②直接経験や間接経験から学ぶ姿勢を持つ。
　　・直接経験とは、身体を通して直接的に事象に関与すること。
　　・間接経験とは、言語や映像を通して間接的に事象に関与すること。他者の経験についての情報を得ること。
③外的経験（事象を客観的特性で理解する）と内的経験（事象を理解し解釈する）で理解する。
④経験は自ら作り出すものであること。待っていても機会はなかなか得られない。挑む気持ちを持つ。
⑤「経験学習モデル」（次ページ）を回すことで成長するという意識を持つ。

（2）経験学習モデル（コルブ、1984）
①学習を「経験を変換することで知識を創り出すプロセス」と定義。
②4つのステップから成る。
　・具体的な経験をする。
　・その内容を振り返って内省する。
　・そこから得られた教訓を抽象的な仮説や概念に落とし込む。
　・それを新たな状況に適用する。
③経験はらせん状に連続している。
④個人の置かれている社会的な環境の影響や無意識な学習等を考慮する。

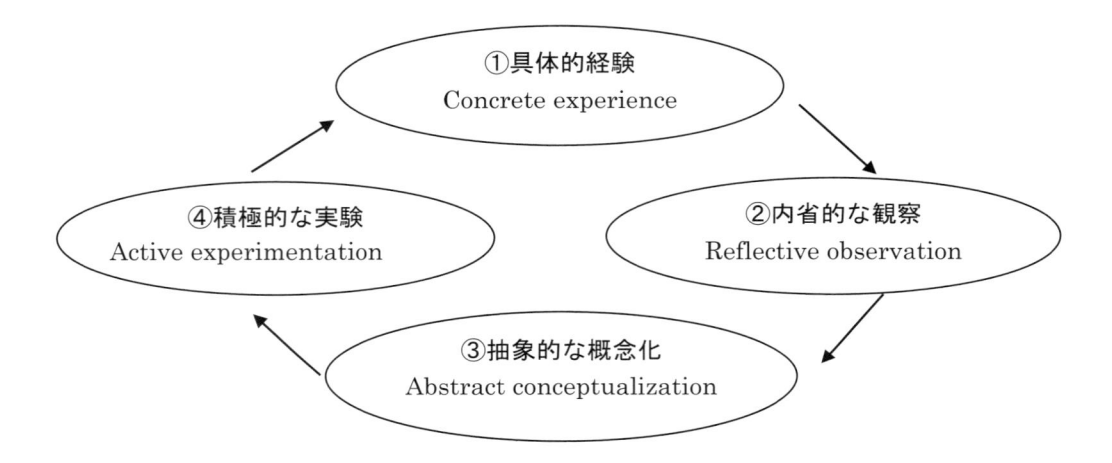

2-2　セルフマネジメント
　セルフマネジメントとは自分自身を適切に管理すること。自分自身の貴重な資源を最大限に活かし、成果をあげていくこと。セルフマネジメント能力が向上すると、やらされている感覚から脱し、主体的に人生を生きていく感覚が得られる。ストレスが減り、目標達成をしやすくなる。

（1）セルフマネジメント力をつける
①自分を知りそれによって自分自身の内面から変化を起こす。
　⇒第一章で学んだ「自分の興味・関心、特性・持ち味、価値観を探る」こと
②外部環境のストレスや制約を乗り越えるなど、自分自身を適切に抑制・管理。
③自分を活かし制御する能力と、人と関わる能力（人間関係構築力）の両方が必要。⇒セルフマネジメントは組織マネジメントにつながる

（2）タイムマネジメント
①タイムマネジメントの意義
　自分の時間の使い方（＝自分の行動の仕方）を管理すること。単なるスケジュール管理ではなく、自分が「やるべきこと」を整理することにつながる。
　成り行きではなく、計画的に主体的に行動計画を立てることによって、生産性を高める時間管理ができるようになる。

②タイムマネジメントのポイント
a.やることの洗い出し（重要性や順番など何も考えずに書き出す）。
b.やることの優先順位を付ける。
　・順位の例）重要かつ緊急なこと⇒重要だが緊急ではないこと⇒緊急だが重要ではないこと⇒緊急でも重要でもないこと
　・判断の例）周囲と協力して行うことか、一人でできることか
c.優先順位の高い順に実行する。

（3）ストレスマネジメント
①ストレスとは
a.ストレスとは、ストレッサー（外部刺激）によって「歪んだ状態」（ストレイン）にあること。
b.「歪んだ状態」は、外部刺激の受け止め方・対処によって個人差がある。
　⇒同じ外部刺激を受けても平気な人もいれば、落ち込む人もいる。
c.「歪んだ状態」が継続すれば、「疲労→不適応・過剰適応→異常行動→疾病」になる。

②ストレス対処の基盤づくり
a.「休息すること」が大切⇒睡眠時間の確保、生活のリズムを保つ。
b.周囲からのサポート（ソーシャルサポート）が得られるようにする。
　⇒孤立しない、自分ひとりで抱え込まない。
c.外部刺激に対する自分の考え方（認知）や行動のパターンや癖を知る。

③ストレス対処方法（コーピング）
a.対処法は「情動中心型」と「問題中心型」がある。
b.情動中心型コーピング
　・気持ちを落ち着かせたり（リラクゼーション）、憂さ晴らしをしたり、考え方（認知・物事の捉え方）を改めたりすること。
　・外部刺激に対して、人は下記のようなメカニズムになっている。
　　⇒「歪んだ認知」を修正することで感情や状態をプラス方向にする。
c.問題中心型コーピング
　・ストレスの原因である問題そのものに向き合い、その状況を分析してそれを変化させたり、除去したりする。

> **外部刺激⇒歪んだ認知⇒マイナスの感情⇒マイナスの行動や状態**
>
> （例）事業に失敗した⇒人生敗北だ（歪んだ認知）
> 　　⇒精神的に落ち込み、何事も積極的に行動できなくなる。
> （認知の修正例）
> 　　事業に失敗した⇒事業に失敗することもある。成功するに越したことは
> 　　ない（認知の修正）⇒再挑戦してみよう！⇒何が良かったか、悪かった
> 　　かを分析する（問題中心型コーピング）

第20講　「人間関係構築力」を高めるポイント

1．人間関係構築力とは

①リーダーシップ・フォロワーシップ

- 自分の考えを示して、議論を取り交わすことで、対立意見の解消、合意形成など建設的な意見交換を行うことができる。
- チームの置かれた状況を把握し、リーダーシップ・フォロワーシップを発揮することができる。
- チームの一員としての自覚を持ち、チームを適切に発展・活性化させるなど貢献することができる。
- 難易度の高いテーマや新しい領域で、必要に応じてチーム外のメンバーを巻き込みながら周囲や社会に影響を与えることができる。

②信頼関係構築力

- 何事も相手の立場にたって考え、相手の考えや意見を引き出す行動をとることができる。
- 自分の立場やTPO（時間・場所・場合）をわきまえた上で、その場において適切な言動をとることができる。
- 異なる文化・価値観を持つ人とも、互いの違いを尊重しつつ、信頼関係を築くことができる。
- 築いた信頼関係をもとに、新たな取組みやコミュニティを開始し、周囲に影響を与えることができる。

2．人間関係構築力を高めるポイント

2-1　調整力に必要な考え方・行動

（1）ファシリテーションとは

①ファシリテーション（facilitation）「facil」=ラテン語で「easy」を意味する。⇒物事を容易にする、円滑にする、スムーズに運ばせる、促進する、調整する。

②ファシリテーションとは、ディスカッションのプロセス（過程）を中立的な立場で進行すること。司会進行役のことを「ファシリテーター」と呼ぶ。

（2）ファシリテーションに必要な行動

①観察する ⇒ メンバー個々の表情や態度を観察する。
②傾聴する ⇒ メンバーの話を最後まで聴き、話の背後にある考えを理解する。
③質問する ⇒ メンバーが考えを確認したり、深めたりする「問い」を発する。
④介入する ⇒ 個々のメンバーに働きかけて、グループの雰囲気を盛り上げる。
⑤整理する ⇒ メンバーから出た意見を整理する。

（3）ファシリテーターの役割

①メンバーが話しやすいように、リラックスした雰囲気をつくる。
　「どんなことでもいいので、どんどん意見を言ってください」
②ディスカッションの目的（課題）をメンバーに提示する。
　「話し合っていただく課題は～です。時間内に、ある程度の結論を出すことに
　なっていますのでよろしくお願いします」
③進め方や時間についてメンバーに提示し、相互理解を図る。
　「今から30分程度話し合っていただきます。進め方は～でどうでしょうか？
　進め方について何か意見はありますか？」
④話が煮詰まったときなど、これまでの意見を整理して、ディスカッションを展
　開させる。
　「ある程度、案が出たので、ここで一度、整理してみましょう」
⑤一人のメンバーに偏ることなく、全メンバーから意見を引き出す。
　「Aさんはどうですか？」
　「Bさんだけではなく、他の皆さんもどんどん話しましょう」
⑥メンバーの意見を深めたり、広げたりする。
　「もう少し、具体的に話してください」
　「Aさんの意見について、Bさんはどう思いますか？」
　「Aさんの意見に関連する意見はありますか？」
⑦メンバーの意見を整理して、結論に向けてディスカッションを展開させる。
　「これまでの意見を整理しますと、3つくらいに分かれると思いますが、どう
　でしょうか？　これからは、結論に向けて整理していきませんか？」
⑧結論を確認し、メンバーをねぎらう。
　「今日の課題の結論は～ということでよろしいでしょうか？　皆様、お疲れ様
　でした」

2-2　リーダーシップ、フォロワーシップに必要な考え方・行動

（1）リーダー（フォロワー）シップとは

①リーダー（フォロワー）シップとは、リーダーとフォロワーとの間に生じる相
　互作用。
②リーダー（フォロワー）シップは「年齢、役職、地位が高い（低い）」という
　だけで表れるものではない。
　・リーダーとフォロワーとの間に「信頼関係」があることが必要。

（２）リーダーに必要な考え方・行動
①自分を知る（自己理解）
　・「キャリア・アンカー」（価値観、才能、欲求）の明確化。
　・「強み」だけではなく「弱み」も受け入れる（自己受容）。
②ビジョンを構築する（ビジョンの明確化）
　自分の価値観や「強み」をベースにして、本当にやりたいことを具体化する。
③周囲を引き込む（動機づけ）
　傾聴力、質問力等を活用してメンバーを動機づける。
④情況対応力・柔軟性
　情況によってはリーダーを交代することができる。

（３）フォロワーに必要な考え方・行動
①独自の基準や価値判断で考えることができる。
　リーダーに依存せずに自律的に考えたり、行動したりできる。
②ビジョンや目標の達成に向けて考え、行動できる。
　リーダーに何かあったときは、いつでもリーダーと交代することができる。
③リーダーに積極的に働きかけることができる。
　常に批判的にリーダーを評価し続けることができる。

2-3　信頼関係構築に必要な考え方・行動

（１）アサーションとは
①アサーションとは、他者に配慮した「自己表現」。それ以外の表現方法として「攻撃的な自己表現」「非主張的な自己表現」がある。
②1950 年代、アメリカで、自己主張が苦手な人を対象としたカウンセリング技法として実施、1960〜70 年代には「人権拡張」「差別撤廃」運動において、それまで言動を圧迫され続けていた人々への理論的背景として活用された。
　　⇒アサーション権の一例「私たちは、誰からも尊重され、大切にしてもらう権利がある」

（2）3つのタイプの主な特徴

アサーション	攻撃的	非主張的
自他ともに尊重する	他者を否定する	自己を否定する
自他ともに協力する	相手へ指示する	相手任せにする
自他の調和を大事にする	支配的になる	服従的になる
自分の責任で行動する	責任転嫁する	弁解がましい
私はOK、あなたもOK	私はOK、あなたのことは関係ない	あなたはOKかもしれないが、私はOKではない

（3）アサーション度チェック

以下について、「はい」「いいえ」で答えてみましょう。
（半分以上「はい」ならアサーション度は一般的）

①他人に対して自分の長所や強み、得手、手柄などを言うことができる。
②あまりよく知らない人たちの会話に入っていくことができる。
③自分の知らないことや分からないことについて、訊くことができる。
④人に援助を求めることができる。
⑤自分が人と異なる意見を持っているときに、それを表現できる。
⑥批判やクレームを述べることができる。
⑦他人から褒められたときに素直に喜ぶことができる。
⑧あなたが話しているところに割り込み中断させて話し出す人に注意できる。
⑨不当な要求や押し売り、行きたくない誘い等、相手の要求を断ることができる。
⑩あなたに対する批判に対し、受け答えることができる。

（4）アサーションに必要な考え方・行動

①自分の気持ちや考えを明確に知り、それを正直、素直に、その場にふさわしい表現で伝える。
②相手にも自分と同じように伝えることを奨励する。
③思い込みを払拭し、フェアプレイの精神を忘れない。
④結果や周囲を気にしすぎない。
⑤伝え方は、「私」を主語にし、「気持ち・感情・考え」を伝える。ケースによっては代替案や提案を加えるとよい。

第21講　「問題解決力」を高めるポイント

1．問題解決力とは

①問題発見力

> ・自ら疑問点や改善点を見つけ、今取り組む課題を設定することができる。
> ・仮説を持って課題を設定することができる。
> ・前例や過去の慣例にとらわれず、自分の頭でより良いアイデアや方法を考えることができる。

②解決策実行力

> ・問題解決に向けて、目標、期日、方法など具体的な計画を明確にして推し進めることができる。
> ・目標を最終目標、中間目標と設定し、状況に合わせて計画を修正しつつ遂行することができる。
> ・計画自体に固執せず、必要に応じてそれまでの取組みを大幅に修正したり、複数の選択肢を検討したりしながら、実行することができる。

2．問題解決力を高めるポイント

2-1　問題・問題解決の定義
①「あるべき姿（目標）」と「現状」との差（ギャップ）であり、解決可能なもの。
② 当事者として関わり、「解決したい」という意思があるもの。
③「問題解決」とは「あるべき姿」と「現状」の差を解消すること、またはその状態

2-2　問題解決に必要な姿勢

（1）他者とコミュニケーションを図る
　①日頃から「他者」とコミュニケーションを図り、関係を作っておく。
　　・その「他者」との問題を未然に防ぐ。
　②問題は一人で抱え込まずに他者に相談する。
　　・逆に他者から相談があった場合は、進んで相談に応じる。

（2）ゼロベースで考える
①「ゼロベース」とは「今まで持っている前提知識や思い込みを一旦ゼロにした状態」。
常識や過去の失敗・成功体験にとらわれずに検討すること。
②自由な発想で、出来る限り、アイデアを出す。

（3）まずは行動してみる
①解決案ができたら、まずは行動して試してみる。
　・完璧を求めない。8割の完成度で「良し」とする。
②行動したら検証し、次の行動に活かす。
　・「考える」⇄「行動する」を繰り返す。

2－3 問題の種類
（1）定量的問題、定性的問題
①定量的問題
　・状況、状態を数値化して表現した問題⇒客観的な指標
　（例）「月間、売上目標 100 万円に対して現状は 70 万円、30 万円の未達である」
②定性的問題
　・内面的、性質的、抽象的なものに着目して表現した問題⇒主観的な指標
　（例）「A さんのような知性・教養に溢れた人間になりたいが、そこまで到達していない」
　・問題解決にあたって、定性的問題は、可能な限り定量・具体化し、「見える化」する

（2）守りの問題、攻めの問題
①守りの問題（発生・発見問題）
　・原状復帰→マイナスの状態をゼロに戻す
　・早期発見し、放置しない→初期消火、早期解決
②攻めの問題（発掘・成長問題）
　＜改善＞
　・現状の枠組みをある程度守りながら、現状をよりよくすること
　＜改革＞（イノベーション）
　・抜本的に現状を変え、新しいモノ・コトを生み出すこと

（3）モノに関する問題、ヒトに関する問題
①モノに関する問題
　・機械やシステム自体の故障
　・比較的原因が明確であり、解決策も打ち出しやすい
　・原因を特定し、それを解消する（ギャップ・アプローチ）

（例）パソコンが起動しなくなった。不具合の原因は何か？

②ヒトに関する問題
- ・対人関係の不全やヒトが関わることによる災害やトラブル
- ・原因は複雑に絡み合い、解決策も簡単にはいかない
- ・あるべき姿（目標）から必要なこと、方法を考える（ポジティブ・アプローチ）
- ・ほんの少しでもプラスの面、出来ているところに着目する

（例）監督との関係が悪い
- ・関係を良くするために必要なことは何か？関係が良いとは具体的にどのような状態か？その状態になるためにまずどう行動するか？監督との関係がほんの少しでも良い時はどのような時か？

2-4　問題の構造化（問題解決の要素・手順）

（1）問題の構造化を意識し、習慣化する
- ・「問題の構造化」（次ページの①～⑧）とステップを意識することで、問題解決を効果的・効率的に行うことができる。
- ・「④問題」と「⑥問題点（対処すべき真の原因）」、「⑦課題」を識別する。

（2）各ステップのポイント
①問題の特定
- ・問題はステートメント「～に～の問題が発生している」にする。

②原因の究明
- ・因果関係を短絡的に決めつけないで、幅広く仮説を立てて、真の原因を探る。
- ・課題（問題解決のためにやるべき事柄）を設定する。

③解決策の決定
- ・解決策のアイデアを可能な限り、多く出して、後で最適解を絞る。
- ・コストや時間、人手等から「効果性」と「実現性」を検討する。

④解決策の実行
- ・実行計画は「4W1H」（①When：いつから始めて、いつまでに終わらせるのか？②Where：どこで実施するのか？③Who：責任者、担当者は誰か？④What：何を実施するのか？⑤How：どのように実施するのか？費用はどれくらいか？）を明確にする。

<問題解決の構造化、手順>

<ステップ1> 問題の特定
①目的：最終的なゴール、目指すところ
　例）海外留学の社内選考にパスする
②目標：あるべき姿、目的のための達成レベル（定量的、定性的）
　例）TOEIC のスコア 800 点
③現状：今のレベル（定量的、定性的）
　例）スコア 740 点
④問題：あるべき姿（目標）と現状のギャップ
　例）スコア 60 点が不足

<ステップ2> 原因の究明
⑤原因：問題が発生した原因（複数の場合がある）
　例）リスニング力が弱い、試験当日、体調を崩した
⑥問題点：対処すべき真の原因
　例）リスニング力が弱い
⑦課題：問題解決のためにやるべき事柄、問題点の解消
　例）リスニング力の強化

<ステップ3> 解決策の決定
⑧解決策：課題遂行のための具体的なアクション（複数の場合がある）
　例）外国人の個人指導を受ける

<ステップ4> 解決策の実行
⑨実行計画の作成

2-5　問題発見とは
・問題とは「あるべき姿（目標）」と「現状」とのギャップ。
・問題発見とは「あるべき姿（目標）」を設定してギャップを明確にすること
・フレームワークを活用して「あるべき姿（目標）」を設定

2-6　問題発見のフレームワーク
（1）SWOT分析
　・内部要因の「強み」「弱み」、外部要因の「機会」「脅威」という4つの視点を使って情報整理し、「あるべき姿（目標）」を明確にする。
　・「SWOT」とは、「強み」(Strength)、「弱み」(Weakness)、「機会」(Opportunity)、「脅威」(Threat) の頭文字を取ったもの。
　・個人、企業（事業）などに幅広く、活用できる。

①内部要因：個人・企業が内部にもつ資源（リソース）
　・個人：能力（知識・スキル）、価値観、欲求、経験等
　・企業：人材、資金、設備、商品・サービス、ビジネスプロセス、運営ノウハウ等

<強み>
・今、持っている良い点、他に比べて優位性のある点、成長のベースになったもの
<弱み>
・今、抱えている改善点、他に比べて劣っている点、成長の妨げとなったもの

②外部要因
　・コントロールできない外部の環境や状況のこと。
　・政治・経済、技術革新、社会動向、消費者ニーズ、競合他社、市場の競争環境等

<機会>
・今後の成長・目標達成にとって好ましい機会、チャンス・追い風
<脅威>
・今後の成長・目標達成にとって好ましくない脅威、逆風

<＜Ａ洋菓子店の SWOT 分析例＞

	強み （Strength）	弱み （Weakness）
内部要因	・無添加の素材を使用 ・季節に応じた新商品開発 ・カロリーを抑えた野菜ケーキが人気 ・リピーターが多い	・値段が高い ・よく欠品が出る ・店舗が老朽化 ・好き嫌いがはっきりしている味
	機会 （Opportunity）	脅威 （Threat）
外部要因	・健康志向の高まり ・雑誌の取材が増加 ・近隣にタワーマンションが建設予定 ・スイーツ好きの男性が増加	・駅前にケーキ屋が出来た ・コンビニがスイーツに力を入れている ・近隣の人口が減少 ・野菜の値段が高騰

①分析の方法
- ・「強み」「弱み」「機会」「脅威」を思いつくままに出来るだけ多く、記述する。
- ・クロス分析：「強み」「弱み」と「機会」「脅威」を組み合わせて「あるべき姿」（新たな目標）を抽出する。
- →「あるべき姿（新たな目標）」と「現状」から「問題」を明確にする。

＜クロス分析＞

①強み×機会	「強み」によって「機会」を最大限に活用するために必要なことは何か？
新たな目標	
②強み×脅威	「強み」によって「脅威」による悪影響を回避するために必要なことは何か？
新たな目標	
③弱み×機会	「弱み」によって「機会」を逃さないために必要なことは何か？
新たな目標	
④弱み×脅威	「弱み」と「脅威」により最悪の結果を回避するために必要なことは何か？
新たな目標	

（2）4P/4C分析
・企業の内部要因についてマーケティングの4つの視点から強み・弱みを分析

①Product/Customer Value ：製品/顧客にとっての価値
　・品質、デザイン、ブランド名、サービス等
　・顧客にとってのメリット、悩み（不満・不安・不足）の解決

②Price/Customer Cost：価格/顧客が負担する費用
　・標準価格、値引き、取引条件など
　・顧客が製品・サービスを購入するまでのコスト・時間

③Place/Convenience：流通/顧客にとっての利便性
　・店舗の営業日・利用時間、注文方法、物流、販路、店舗、売り場
　・顧客が手間をかけずに製品・サービス及びその情報を入手できる方法

④Promotion/Communication：販売促進/顧客とのコミュニケーション
　・製品・サービスをPRするための手段、広告、自社サイト
　・顧客との双方向のコミュニケーションを生み出す手段、ＳＮＳ

（3）3C分析
・外部要因の「Customer（市場）」「Competitor（競合）」、内部要因の「Company（自社)」の3つの視点から分析

①Customer：市場、消費者（顧客）
　・市場規模・成長性、消費者のニーズ、消費者の購買行動・能力
②Competitor：競合
　・競合の特定、競合の業績、業績結果につながる経営資源（ヒト・モノ・カネ・情報）
　・業績結果を出す仕組み
③Company：自社
　・自社の経営理念・戦略、自社の強み・弱み、提供価値
　・自社の業績結果につながる経営資源（ヒト・モノ・カネ・情報）、業績結果を出す仕組み

＜新商品開発と3C分析＞

	市場分析	競合分析	自社分析
新商品開発の分野	◎	○	―
自社の資源（強み）の活用	―	○	◎

＜参考＞プロジェクトマネジメント

1　ＰＢＬとは
①ＰＢＬ（Project-Based Learning）とは課題解決型学習のことで、プロジェクトマネジメントを学ぶための教育手法。
②講義や実験・演習に加え、具体的な課題を設定して解決する方法。
③課題をプロジェクトと捉え、チームで管理しながら、成功裏に完了させることを目的とした活動。

2　プロジェクトマネジメント
（1）プロジェクトとは
　「独自のプロダクト、サービス、所産を創造するために実施する有期性のある業務」（米国プロジェクトマネジメント協会）と定義されるように、目的を達成するために、独自のものを特定の期限までに作成、開発、構築することを指す。問題解決とも言える。

　通常の業務とどう異なるかというと、通常業務が継続的、反復作業で安定的に決められた手順で行うのに対し、プロジェクトはＰＤＣＡを実施しながら、決められた期限で、そのために配分された予算内で、最大限の成果を出すことが期待されるものである。

（2）問題解決のポイント
①目標を設定する。
②問題を明確にするために、問題を分割する。
③現在の状態と目標とのギャップを理解する。
④ギャップが出来た原因を明らかにする。
⑤どうすれば現実と目標のギャップが埋められるか（差を縮められるか）考案する。
⑥目標達成の解決案を提示する。

（3）プロジェクト成功の 12 の黄金律

I	II
1．成果物について合意を得る	7．常にヒトを大切にする
2．最良のチームを育てる	8．正式な支援を取り付け、継続して確認する
3．しっかりしたプロジェクト計画書を作り、更新を怠らない	9．変更を躊躇しない
4．本当に必要な資源を判断する	10．現状を周知する
5．現実的なスケジュールを作る	11．新しいことに挑戦する
6．できる以上のことはやらない	12．リーダーとなる

出所：『世界一わかりやすいプロジェクトマネジメント』総合法令出版、p. 52

3　プロジェクトのライフサイクル

プロジェクトフェーズ（1）定義

①プロジェクトの目標設定

②プロジェクトの方針決定

　・ステイクホルダー・成果物イメージ・役割・スケジュール・前提条件・制約条件・リスク等を確認し、合意を得る。

③問題の定義づけ

　・担当者からの問題提示、ヒアリング、実地調査等を通し、目標と現状の差を明確にする。

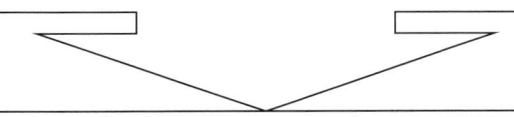

プロジェクトフェーズ（2）分析

①問題の設定

　・定義づけられた問題をもとに、さらに担当者のヒアリング、実地調査を行い情報を収集する。

②原因の究明

　・ミッシーやロジックツリー、フレームワーク等を利用して分解する。

③問題分析

　・①②をもとに抽象的に解決案を検討する。（新規製作、業務改革、イベント開催等）

　上記について・作業の洗い出し・作業の順序・スケジュールの決定・作業の分担

　・組織の明確化・作業時間の見積もり・作業マイルストーンの明確化・情報入手方法

　・計画内容の確認・チーム形成等を行う。

プロジェクトフェーズ（3）実行

①解決策の考案

　・抽象的は解決案を具体化するために先行事例、他事例、見本となるアイデア等の情報収集

②問題に適用

　・①を問題に適用するかを検討する。不具合部分を洗い出し、他の事例も検討する。

　　上記について・リーダーシップの発揮・進捗と方向性の確認・ＰＤＣＡを実施し、提案書（企画書)作成等を行う。

プロジェクトフェーズ（4）終結

①提案書（企画書）の提出

②プレゼンテーション

③振り返り

　・自己によるＰＤＣＡ（教訓、フィードバック等、今後の課題)・ピアレビュー等

4　プロジェクトの進捗管理

　プロジェクトを円滑に進めるには、進捗管理を行う必要がある。プロジェクトにおける必要な作業を洗い出し、全体の流れと進捗状況を表すのに便利なガントチャートを作成するのが一般的である。ガントチャートはチームリーダーが管理するが、チームメンバーの合意のもとにガントチャートを作成し、メンバー全員が作業の進捗を理解しておくことが重要である。
　ガントチャート作成の手順は次のとおりである。

> ①必要な作業を洗い出す
> ②各作業の成果物を明らかにする
> ③作業期間を見積もる
> ④作業の手順を決める
> ⑤担当者を決める
> ⑥作業予定期間を示す（計画）
> ⑦実際の作業期間を記す（実施）

ガントチャートの例

回数	件数	項目/作業	担当者	★ 4/24 火	3回目 プロジェクト・マネジメントの基礎	★ 5/8 火	4回目 課題提示	★ 5/15 火	5回目 問題設定	★ /火	6回目
3	1	ガントスケジュール表による計画と管理	全員								
	2	本日の議事録	大山								
	3	業界の理解	堀内								
	4	協力企業の理解	高橋								
	5	企業の課題発見フレームワーク	西本								
	6	課題提示の際に質問したい項目の検討	全員								
4	1	ガントスケジュール表による計画と管理	全員								
	2	本日の議事録	須東								
	3	情報の共有	全員								
	4	課題の整理	全員								
5	1	ガントスケジュール表による計画と管理									

▭ 計画
→ 実施

参考資料

資料1　キャリアデザイン基礎力の課題・行動目標の作成

　これまでの日常生活を振り返って、＜評価・育成の着眼点＞を参考にして、下記の項目について、4段階（4：できている、3：ややできている、2：あまりできていない、1：できていない）で自己評価し、課題・行動目標を作成してみよう。

1．学習力

①幅広い好奇心

＜4：できている、3：ややできている、2：あまりできていない、1：できていない＞

> **＜評価・育成の着眼点＞**
> ①自ら興味関心あることにとどまらず、今、必要な学習は何かを考え、行動に移すことができる。
> ②人から言われる前に自分の意志で学習することができる。
> ③自分の考えに固執するのではなく、他人に意見を求め、より良い考え・行動へ発展させることができる。

②知識を深める力

＜4：できている、3：ややできている、2：あまりできていない、1：できていない＞

> **＜評価・育成の着眼点＞**
> ①指示された文献や方法だけでなく、それ以外を自ら探り、複数の情報を発展的に集めることができる。
> ②知識をより深めるために、自ら時間管理を行い、継続的に学習することができる。
> ③自分の考えに固執するのではなく、他人に意見を求め、より良い考え・行動へ発展させることができる。

＜学習力の課題・行動目標＞

課題	行動目標

2．意思疎通力
③発信力・プレゼンテーション力
<4：できている、3：ややできている、2：あまりできていない、1：できていない>

> **＜評価・育成の着眼点＞**
> ①比較的長い文章やプレゼンテーションにおいて資料作成のルール（段落替え、適切な接続詞の使用など）、言葉遣い、語句の選定について、的確に使いこなすことができる。
> ②はっきりした声と的確なテンポで、相手とアイコンタクトをとりながら発信することができる。
> ③伝えたいメッセージを明確にするよう構成を工夫して、確実に読み手や聞き手に伝わるように発信できる。

④ディスカッション力
<4：できている、3：ややできている、2：あまりできていない、1：できていない>

> **＜評価・育成の着眼点＞**
> ①相手の発言の背景や意図を深く理解しながら聴くことができる。
> ②話の意図や焦点を押さえて、議事録や資料を作成するなどまとめることができる。
> ③相手の気持ちや考えを確認する質問を適宜行いながら、その場の議論を深め、相手と自分の意見の共通点や相違点を把握することができる。

＜意思疎通力の課題・行動目標＞

課題	行動目標

3．論理思考力

⑤多様な思考力

<4：できている、3：ややできている、2：あまりできていない、1：できていない>

<評価・育成の着眼点>
①提示された課題や発生している状況について、事実を客観的に確認し、複数の方法や手段で考えることができる。
②課題や状況を論理的に考察するために、整理手法や図表を活用して情報を整理することができる。
③量的／質的な分析を行い、他者に意見を求め、異なる視点から検討し、分析することができる。

⑥深い理解力

<4：できている、3：ややできている、2：あまりできていない、1：できていない>

<評価・育成の着眼点>
①課題に対し、これまでに学んだことを応用して解答を導き出すことができる。
②課題に対し、仮説を立てて、演繹または帰納的に検討することができる。
③一案だけではなく、複数案の中からより良い解決策を提示し、その解決策は具体性があり、実現可能性を十分考慮することができる。
④課題に対して、異なる見方や反対の見方も考慮に入れて納得性や効果が高い解決策を提示することができる。

<論理思考力の課題・行動目標>

課題	行動目標

４．挑戦力
⑦決断力・行動力
<4：できている、3：ややできている、2：あまりできていない、1：できていない>

> <評価・育成の着眼点>
> ①既存の取組みに参加するだけでなく、積極的に新たな取り組みに向けて決断し行動することができる。
> ②失敗や困難をチャンスと捉え、あきらめずに挑戦することができる。
> ③具体的な経験を振り返り（内省）、そこから得られた教訓や学びを次の活動へと結びつけることができる。
> ④経験がない領域でも自ら積極的に新たな取り組みを企画し、活動することができる。

⑧メンタルタフネス
<4：できている、3：ややできている、2：あまりできていない、1：できていない>

> <評価・育成の着眼点>
> ①他者との意見の相違を乗り越えるために行動することができる。
> ②思うように進められない状況など不確定要素に直面したときに状況にあわせて対応することができる。
> ③ストレスをうまく軽減・解消する方法をみつけ、乗り切ることができる。
> ④緊張する場面や困難な状況でも、冷静に自分を見つめ、感情をコントロールすることができる。

<挑戦力の課題・行動目標>

課題	行動目標

５．人間関係構築力

⑨リーダーシップ・フォロワーシップ

＜４：できている、３：ややできている、２：あまりできていない、１：できていない＞

> ＜評価・育成の着眼点＞
> ①自分の考えを示して、議論を取り交わすことで、対立意見の解消、合意形成など建設的な意見交換を行うことができる。
> ②チームの置かれた状況を把握し、リーダーシップ・フォロワーシップを発揮することができる。
> ③チームの一員としての自覚を持ち、チームを適切に発展・活性化させるなど貢献することができる。
> ④難易度の高いテーマや新しい領域で、必要に応じてチーム外のメンバーを巻き込みながら周囲や社会に影響を与えることができる。

⑩信頼関係構築力

＜４：できている、３：ややできている、２：あまりできていない、１：できていない＞

> ＜評価・育成の着眼点＞
> ①何事も相手の立場にたって考え、相手の考えや意見を引き出す行動をとることができる。
> ②自分の立場や TPO（時間・場所・場合）をわきまえた上で、その場において適切な言動をとることができる。
> ③異なる文化・価値観を持つ人とも、互いの違いを尊重しつつ、信頼関係を築くことができる。
> ④築いた信頼関係をもとに、新たな取組みやコミュニティを開始し、周囲に影響を与えることができる。

＜人間関係構築力の課題・行動目標＞

課題	行動目標

167

６．問題解決力
⑪問題発見力
＜４：できている、３：ややできている、２：あまりできていない、１：できていない＞

> **＜評価・育成の着眼点＞**
> ①自ら疑問点や改善点を見つけ、今取り組む課題を設定することができる。
> ②仮説を持って課題を設定することができる。
> ③前例や過去の慣例にとらわれず、自分の頭でより良いアイデアや方法を考えることができる。

⑫解決策実行力
＜４：できている、３：ややできている、２：あまりできていない、１：できていない＞

> **＜評価・育成の着眼点＞**
> ①問題解決に向けて、目標、期日、方法など具体的な計画を明確にして推し進めることができる。
> ②目標を最終目標、中間目標と設定し、状況に合わせて計画を修正しつつ遂行することができる。
> ③計画自体に固執せず、必要に応じてそれまでの取組みを大幅に修正したり、複数の選択肢を検討したりしながら、実行することができる。

＜問題解決力の課題・行動目標＞

課題	行動目標

資料2　職業興味検査

＜質問＞

当てはまる数字を下記から選んで、空欄に記入してください ＜3：当てはまる　1：やや当てはまる　0：当てはまらない＞						
質問	R	I	A	S	E	C
1　動物の世話をすることが好きだ						
2　物事を理詰めに、論理的に考えるほうだ						
3　何かを空想し、イメージをふくらますことがよくある						
4　他人の世話をするのが好きだ						
5　人をまとめ、リーダーシップをとるのが好きだ						
6　決められた文書や書類を作成するのは苦にならない						
7　プラモデルやモノを組み立てることが好きだ						
8　疑問がわくといろいろと調べるのが好きだ						
9　自分の感性やヒラメキを大事にしている						
10　人と接する仕事に関心がある						
11　初対面の人ともグループを組んでうまくやれる						
12　身の回りを整理・整頓しないと落ち着かない						
13　手先が器用だといわれることがある						
14　一人でじっくり考えるのが好きだ						
15　美術やデザイン系の仕事に関心がある						
16　チームで活動することが好きである						
17　友達を励ましたり、後輩のやる気を引き出したりするのが得意だ						
18　単調な繰り返し作業は苦にならない						
19　ものづくりや職人の仕事に関心がある						
20　データを細かく分析するのが好きだ						
21　絵や音楽など芸術に関心がある						
22　他人と交渉することは苦にならない						
23　活動の企画や計画を立てるのが好きだ						
24　物事が手順通りに進まないと落ち着かない						
25　身体を使って、汗をかく仕事が好きだ						
26　研究者という仕事に関心がある						
27　新しいアイデアを考えるのが好きだ						
28　人に教えたり、奉仕したりすることが好きだ						
29　会社を経営することに関心がある						
30　ルールや規則を守ることを優先する						
合計得点						

<レーダー・チャートの作成>

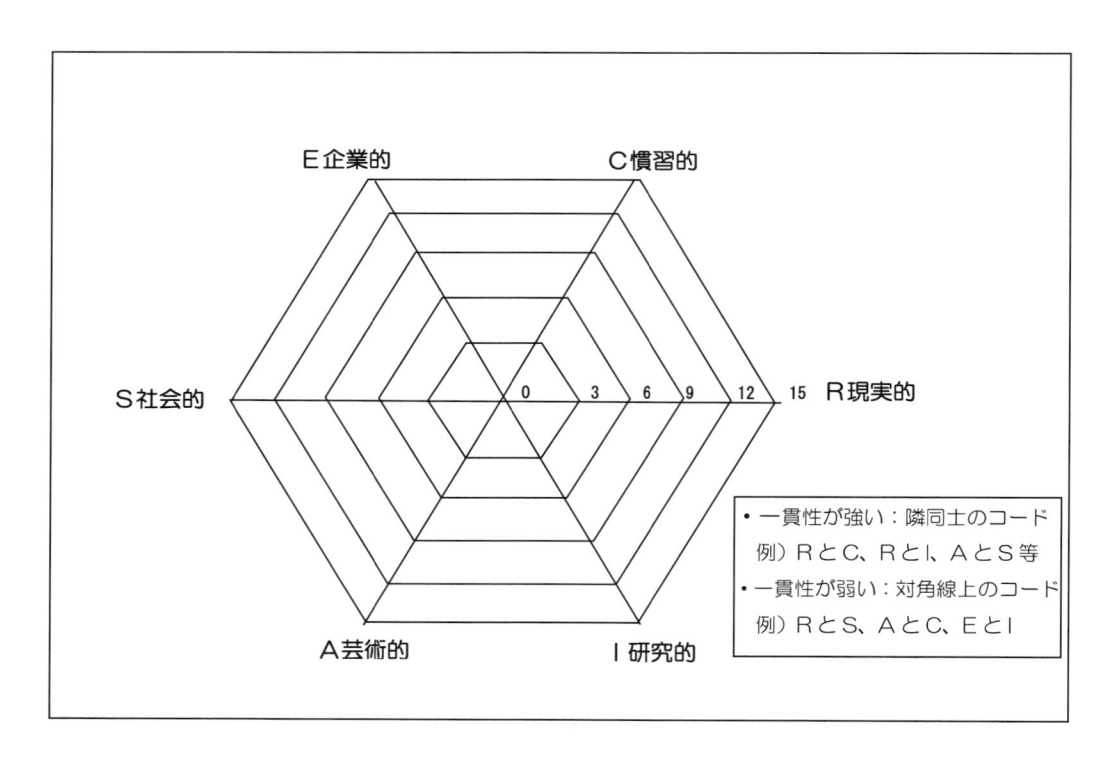

<結果分析>

項　目						
1．得点が高い順に左から頭文字 （R、I、A、S、E、C）を記入						
2．各タイプの一貫性（類似性） はどうか？						
3．3点の項目の中で、自分に一 番よく当てはまる項目は何 か？ （質問文を転記）						
4．0点の項目の中で、自分に一 番当てはまらない項目は何 か？ （質問文を転記）						

＜職業興味の６タイプ＞
下記、表の得点欄に自分の得点を記入してください。

得 点	タイプ	内　　容
	R **現実的タイプ** （Realistic）	物、道具、機械などを扱うことを好み、明確で秩序的、組織的な操作をともなう活動を好む。手先が器用であり、組立、修理にかかわる職業を好み、手作業、機械作業、農作業、電気関係、技術関係の仕事に向いており、実践的キャリアを積むタイプである。例：電気技師、航空機整備員など
	I **研究的タイプ** （Investigative）	数学、物理、生物学などに興味関心があり、好奇心が強く学究肌で自立的であり、独立志向が強い。事象の観察、言語的記述、定型的研究、創造的研究などの活動を好む。物事を分析し、自分の意見を明確に持ち表明する。科学や、医学などの分野の職業を好む。例：科学者、学芸員など
	A **芸術的タイプ** （Artistic）	創造的で慣習にとらわれず、繊細で感受性が強く、独創的で発想が豊かで自由である。創造的な才能を活かせる職業を好み、言語、音楽、美術、演劇などに関係する能力を有している。例：文筆家、音楽家、俳優など
	S **社会的タイプ** （Social）	社会的活動に熱心で、対人関係を大切にし、友好的であり、人を教育する、人を援助する、伝えることなどに関係する活動を好む。コミュニケーション能力に優れている。教育関係の仕事、カウンセリング、看護、保育などの職業を好む。例：教師、カウンセラー、看護師、ヘルパーなど
	E **企業的タイプ** （Enterprising）	リーダーシップをとり、人を導いたり、組織目標を達成したり、経済的利益を目的とした活動を好む。人の管理、ものの販売、営業などに関係する職業を好む。外向的、精力的で目標達成に向けて野心的である。例：セールスマン、管理職、企業家、テレビプロデューサーなど
	C **慣習的タイプ** （Conventional）	データを始めとする情報を、具体的・秩序的・体系的にまとめ、整理する活動を好む。データ処理・管理、ファイリング、情報処理機器の操作などの仕事を好む。責任感があり、緻密で、信頼できるタイプ。例：公務員、公認会計士、プログラマー、事務員など

> 以下の 50 の質問に、はい…〇、どちらともいえない…△、いいえ…×の
> いずれかで回答してください。

(　　) 1．人の言葉を遮って、自分の考えを述べることがありますか。
(　　) 2．他人を厳しく批判するほうですか。
(　　) 3．待ち合わせ時間を厳守しますか。
(　　) 4．理想をもってその実現に努力しますか。
(　　) 5．社会の規則、倫理、道徳などを重視しますか。
(　　) 6．責任感を強く人に要求しますか。
(　　) 7．小さな不正でも、うやむやにしないほうですか。
(　　) 8．子供や後輩を厳しく指導しますか。
(　　) 9．権利を主張する前に義務を果たしますか。
(　　) 10．「すべきである」「ねばならない」という言い方をよくしますか。
(　　) 11．他人に対して思いやりの気持ちが強いほうですか。
(　　) 12．義理と人情を重視しますか。
(　　) 13．相手の長所によく気がつくほうですか。
(　　) 14．他人から頼まれたら嫌とは言えないほうですか。
(　　) 15．子供や他人の世話をするのが好きですか。
(　　) 16．融通が利くほうですか。
(　　) 17．子供や後輩の失敗に寛大ですか。
(　　) 18．相手の話に耳を傾け、共感するほうですか。
(　　) 19．料理、洗濯、掃除などが好きなほうですか。
(　　) 20．社会奉仕的な仕事に参加することが好きですか。
(　　) 21．自分の損得を考えて行動するほうですか。
(　　) 22．会話で感情的になることは少ないですか。
(　　) 23．物事を分析的によく考えてから決めますか。
(　　) 24．他人の意見は、賛否両論を聞き、参考にしますか。
(　　) 25．何事も事実に基づいて判断しますか。
(　　) 26．情緒的というより、むしろ論理的なほうですか。
(　　) 27．物事の決断を苦労せずに素早くできますか。
(　　) 28．能率的にテキパキと仕事を片付けていくほうですか。
(　　) 29．先（将来）のことを冷静に予測して行動しますか。
(　　) 30．身体の調子が悪いときは、自重して無理を避けますか。
(　　) 31．自分をわがままだと思いますか。
(　　) 32．好奇心が強いほうですか。
(　　) 33．娯楽、食べ物など満足するまで求めますか。
(　　) 34．言いたいことは遠慮なく言ってしまうほうですか。

（　　）35. 欲しいものは手に入れないと気がすまないほうですか。
（　　）36. 「わあ」「すごい」「へえー」など感嘆詞をよく使いますか。
（　　）37. 直感で判断するほうですか。
（　　）38. 興に乗ると度を越し、はめをはずしてしまいますか。
（　　）39. 怒りっぽいほうですか。
（　　）40. 涙もろいほうですか。
（　　）41. 思っていることを口に出せない性質ですか。
（　　）42. 人から気に入られたいと思いますか。
（　　）43. 遠慮がちで消極的なほうですか。
（　　）44. 自分の考えをとおすより、妥協することが多いですか。
（　　）45. 他人の顔色や言うことが気にかかりますか。
（　　）46. つらいときには、我慢してしまうほうですか。
（　　）47. 他人の期待に添うよう、過剰な努力をしますか。
（　　）48. 自分の感情を抑えてしまうほうですか。
（　　）49. 劣等感が強いほうですか。
（　　）50. 現在「自分らしい自分」から離れているように見えますか。

＜エゴグラムの採点＞

〇＝2点、△＝1点、×＝0点として、それぞれの下記の項目ごとに合計点を出し、次頁のグラフに折れ線を書いてください。

CP 父性的親心	NP 母性的親心	A おとな心	FC 自由な子供心	AC 従順な子供心
1.	11.	21.	31.	41.
2.	12.	22.	32.	42.
3.	13.	23.	33.	43.
4.	14.	24.	34.	44.
5.	15.	25.	35.	45.
6.	16.	26.	36.	46.
7.	17.	27.	37.	47.
8.	18.	28.	38.	48.
9.	19.	29.	39.	49.
10.	20.	30.	40.	50.
合計				

＜エゴグラム・折れ線グラフ＞

　上記の得点を項目ごとに下記の太線上に打ち、つなげて折れ線グラフにしてください。

CP	NP	A	FC	AC
厳格	世話好き	合理主義	自由奔放	よい子

	CP	NP	A	FC	AC
20					
18					
16					
14					
12					
10					
8					
6					
4					
2					
0					

ルーズ	冷淡	現実無視	萎縮	ふてくされ

＜自分のエゴグラムの特徴＞

＜エゴグラムの代表的な 10 タイプ＞

・下記に代表的な 10 タイプを紹介する。①円満タイプ、②合理的タイプが理想であり、その波形に近づけることが目標になる。

①円満タイプ

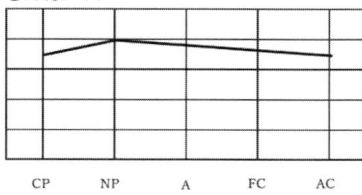

優しく思いやりがあるので、日本人としての人間関係においては理想に近いタイプ。

②合理的タイプ

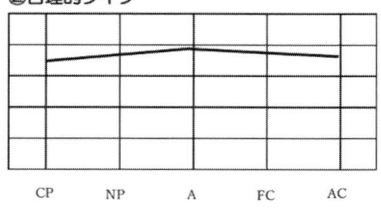

円満タイプと似ているが、暖かみより合理的な考えを重視。冷静で客観的な長所を持ち、欧米では理想的なタイプ。

③自己犠牲タイプ

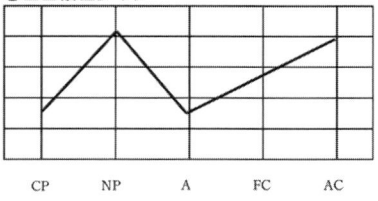

自分を犠牲にしてでも、人に対してやさしくし、気配りが出来るタイプ、『察する』ことを大事にするため、自分が疲れてしまうことが多い。（ナイチンゲール型）

④自己主張タイプ

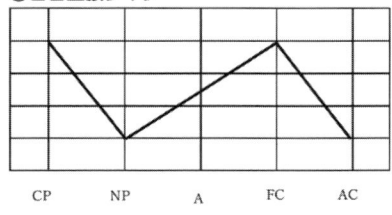

自他ともに厳しいタイプ。仕事でリーダーシップをとり、責任感も強いが、人の気持ちより自己主張を優先してしまうので、対人関係でトラブルが起こる事がある。

（ドナルドダック型）

⑤葛藤タイプ

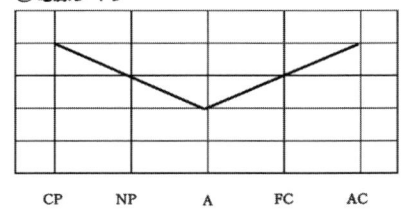

自分にも他人にも厳しく、ストレスを抱え込むタイプ。こうあるべきという考えを持っていても、それを言えず、自分を責める時が多いので悩みが絶えない。また客観性よりも主観性が強い為、人間関係も苦労する。

（ハムレット型）

⑥かんしゃくタイプ

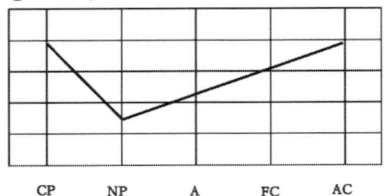

自他ともに否定しやすく、あまり人には好かれない。『許す』ことがなかなかできないので余裕もなく、一人で悩みがちなタイプ。

⑦苦悩タイプ

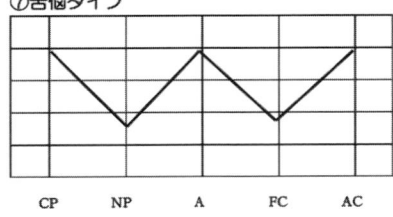

完全主義の人が多く、また、こうあるべきとの思いと現実のギャップに悩むタイプ。頭が良いだけに、しょうがないと諦めることも出来ず、人や自分を責める事も多く、うつ病にもかかりやすいので少し自由奔放さが必要。

（ウェルテル型）

⑧明朗タイプ

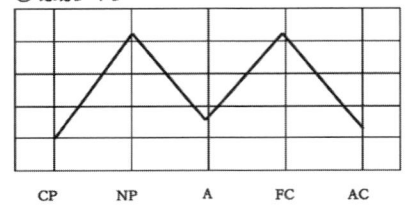

明るく楽しい人が多い。比較的ストレスもたまりにくく、自ら楽しめるタイプ。ただＭの角度が急な場合（Ａが低い）は、「自分勝手」「自己チュー」とよばれる場合もあるので注意が必要。

⑨ワンマンタイプ

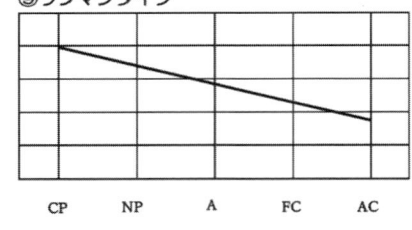

左が一番高く右下りの場合は、頑固な人が多い。正義感も責任感もあるが、あまり融通が利かない。『上から目線』で、怒りやすい性格で、他者から反発を受けたりする。（ボス型）

⑩人頼みタイプ

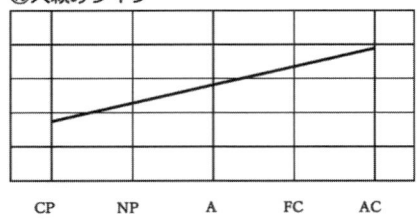

おとなしく、人に気も遣うが、リーダーシップや面倒見とかは苦手。自信を持てず、くよくよと悩むことも多いタイプ。

資料4　基礎学力（数的処理能力）例題の解答

例題1）

静岡（しずおか）と山形（やまがた）を50音図に当てはめて考える。

し 3H	ず 7H	お 0J	か 4I		や 4C	ま 4D	が 9I	た 4G

あ段「かやまた」には4、い段「し」には3、お段「お」には0が対応し、段「あいうえお」には数字「01234」が逆順に対応するものと推測できる。濁音「が」「ず」を考えて、濁点は5を加えると推測できる。行「あかさたなはまやらわ」には「A」から「J」の英字が逆順に対応すると考える。この規則を当てはめると「3J」は「い」、「9E」は「4E＝は」に濁音「ば」、「4B」は「ら」、「3I」は「き」となるので、<u>正解は(4) 茨城</u>。（「い」で始まるものは茨城に限るので結論を早めることができる。）

	J	I	H	G	F	E	D	C	B	A
49	あ	か 4I が 9I	さ	た 4G	な	は	ま 4D	や 4C	ら	わ
38	い		し 3H							
27	う		ず 7H							
16	え									
05	お 0J									

参考までに，(1) 鹿児島はI4I5H3D4，(2) 長崎はE4I9H4I3，(3) 宮崎はD3C4H9I3，(5) 神奈川は I4F4I9A4 である。

例題2）

正3角形と2等辺3角形の関係を図で表すことから始めると考えやすい。

正3角形は2等辺3角形の特殊なものであること、2等辺と直角という性質が「独立」であることが表現できる。

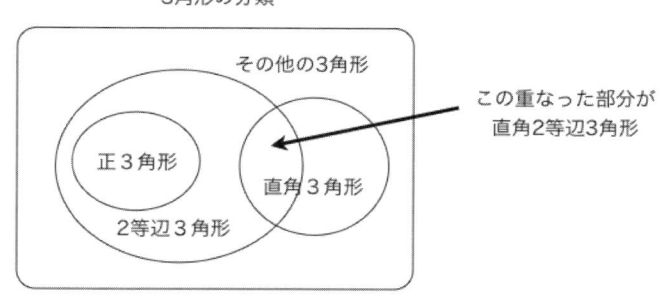

3角形の分類

その他の3角形

この重なった部分が
直角2等辺3角形

正3角形

直角3角形

2等辺3角形

177

例題３）

　応募者数が著しく異なるときは正解率の差6%には実体的な意味がない。

たとえば、応募者数が昨年も今年も1000人のとき、6%は60人に相当するが、昨年1000人で今年1万人のとき6%に対応する人の集まりを想定できない。

　しかし、正解率の上昇には意味があり、比率の差を表すには%を使わずに、ポイントを使う。（ポイントには「点」の意味はない。）

例題４）

「学生はみな幸福である」の否定は「幸福でない学生もいる」である。

「学生がみな幸福であるとは限らない」という表現でもよい。

「学生はみな幸福ではない」は単に否定表現であって命題の否定ではない。

例題５）

　「AならばBである」という関係をA⇨Bで表すと、「BでないならAでない」は矢印の向きが変わって、×A⇦×Bとなる。ここに×は否定を表す。

　4種類の飲み物の関係を簡単に矢印⇨で表すと、全体がよく見通せて、間違えにくくなる。<u>正解はdである。</u>

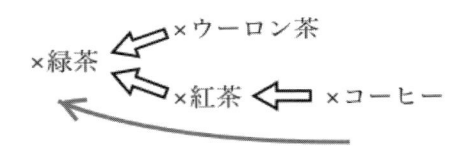

「好き」の図　　　　　　　　　　「好きでない」の図

178

図表1　若年層の「パート・アルバイト及びその希望者」数の推移

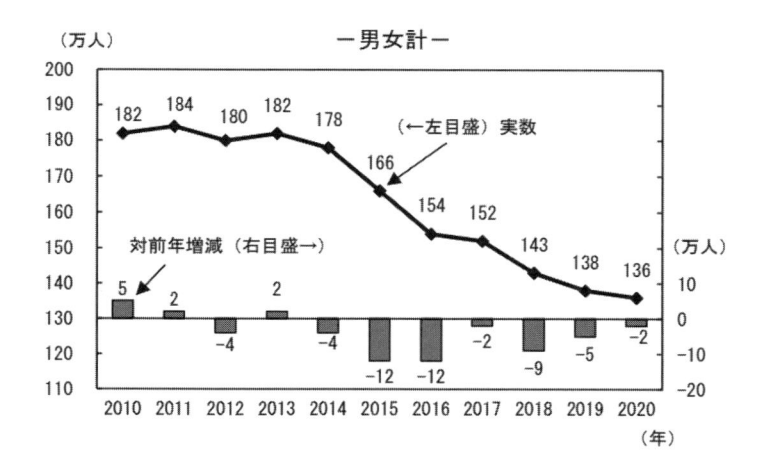

出所：「労働力調査（詳細集計）2020 年平均」総務省

図表2　若年無業者及び 35～44 歳無業者数の推移

図 11　若年無業者及び 35～44 歳無業者の数及び人口に占める割合の推移

出所：「労働力調査（基本集計）2020 年平均」総務省

図表3　新規大卒就職者の離職状況（平成29年3月卒業者）

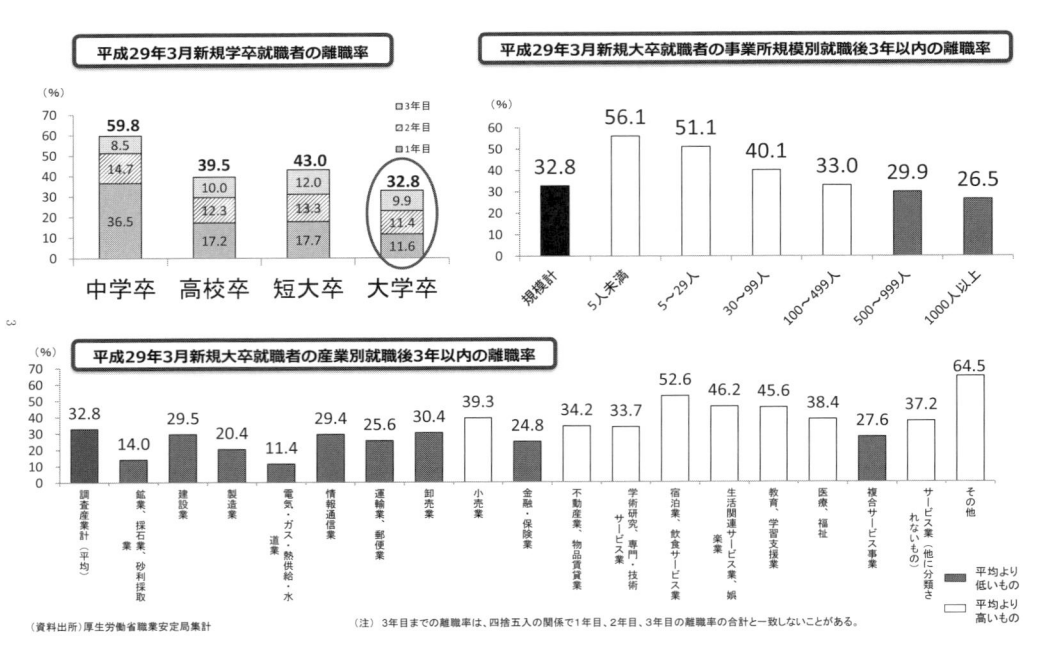

（資料出所）厚生労働省職業安定局集計

（注）3年目までの離職率は、四捨五入の関係で1年目、2年目、3年目の離職率の合計と一致しないことがある。

図表4　大卒求人倍率の推移

①従業員規模別

	2010年3月卒	2011年3月卒	2012年3月卒	2013年3月卒	2014年3月卒	2015年3月卒	2016年3月卒	2017年3月卒	2018年3月卒	2019年3月卒	2020年3月卒	2021年3月卒
300人未満	8.43倍	4.41倍	3.35倍	3.27倍	3.26倍	4.52倍	3.59倍	4.16倍	6.45倍	9.91倍	8.62倍	3.40倍
300～999人	1.51倍	1.00倍	0.97倍	0.93倍	1.03倍	1.19倍	1.23倍	1.17倍	1.45倍	1.43倍	1.22倍	0.86倍
1000～4999人	0.66倍	0.63倍	0.74倍	0.81倍	0.79倍	0.84倍	1.06倍	1.12倍	1.02倍	1.04倍	1.08倍	1.14倍
5000人以上	0.38倍	0.47倍	0.49倍	0.60倍	0.54倍	0.55倍	0.70倍	0.59倍	0.39倍	0.37倍	0.42倍	0.60倍
300人未満と5000人以上の倍率差（ポイント）	8.05	3.94	2.86	2.67	2.72	3.97	2.89	3.57	6.06	9.54	8.20	2.80

②業種別

求人倍率	2010年3月卒	2011年3月卒	2012年3月卒	2013年3月卒	2014年3月卒	2015年3月卒	2016年3月卒	2017年3月卒	2018年3月卒	2019年3月卒	2020年3月卒	2021年3月卒
全体	1.62倍	1.28倍	1.23倍	1.27倍	1.28倍	1.61倍	1.73倍	1.74倍	1.78倍	1.88倍	1.83倍	1.53倍
建設業・製造業他	(1.97倍)	(1.66倍)	(1.53倍)	(1.65倍)	(1.59倍)	(1.96倍)	(2.08倍)	(2.32倍)	(2.54倍)	(2.45倍)	(2.36倍)	(2.02倍)
建設業	4.14倍	5.04倍	4.95倍	5.32倍	4.77倍	5.61倍	6.18倍	6.25倍	9.41倍	9.55倍	6.21倍	6.01倍
製造業	1.66倍	1.35倍	1.27倍	1.37倍	1.31倍	1.59倍	1.73倍	1.93倍	2.04倍	1.97倍	1.97倍	1.60倍
流通業	4.66倍	4.17倍	3.94倍	3.73倍	4.76倍	5.49倍	5.65倍	6.98倍	11.32倍	12.57倍	11.04倍	7.28倍
金融業	0.21倍	0.20倍	0.19倍	0.19倍	0.18倍	0.22倍	0.23倍	0.19倍	0.19倍	0.21倍	0.28倍	0.28倍
サービス・情報業	0.67倍	0.48倍	0.47倍	0.42倍	0.41倍	0.54倍	0.56倍	0.49倍	0.44倍	0.45倍	0.43倍	0.34倍

出所：「第37回ワークス大卒求人倍率調査」リクルートワークス研究所

図表5　一人当たり平均年間総労働時間の国際比較

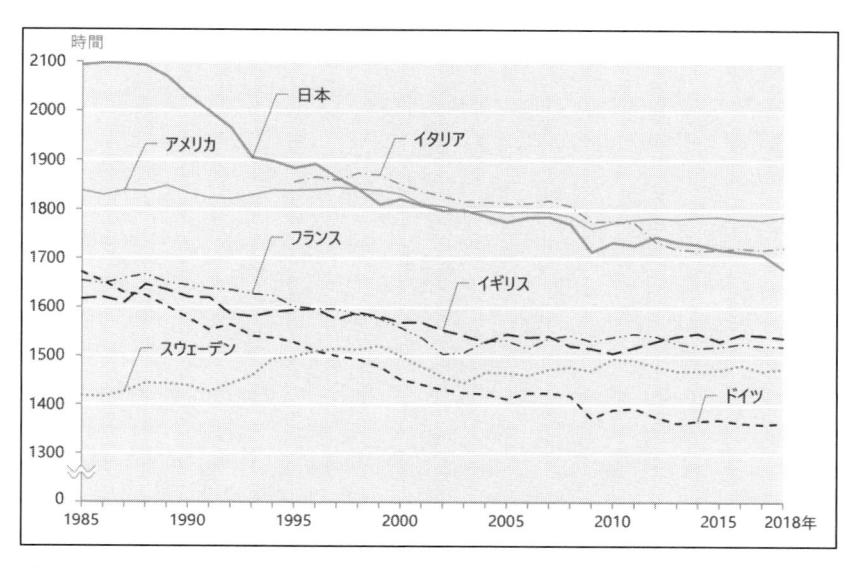

出典：　OECD Database (https://stats.oecd.org/Index.aspx?DatasetCode=ANHRS) 2019年7月現在
注：　データは一国の時系列比較のために作成されており，データ源及び計算方法の違いから特定年の平均年間労働時間水準の各国間比較には適さない。フルタイム労働者，パートタイム労働者を含む。

出所：「データブック国際労働比較 2019」労働政策研究・研修機構

図表6　年間休日数の国際比較

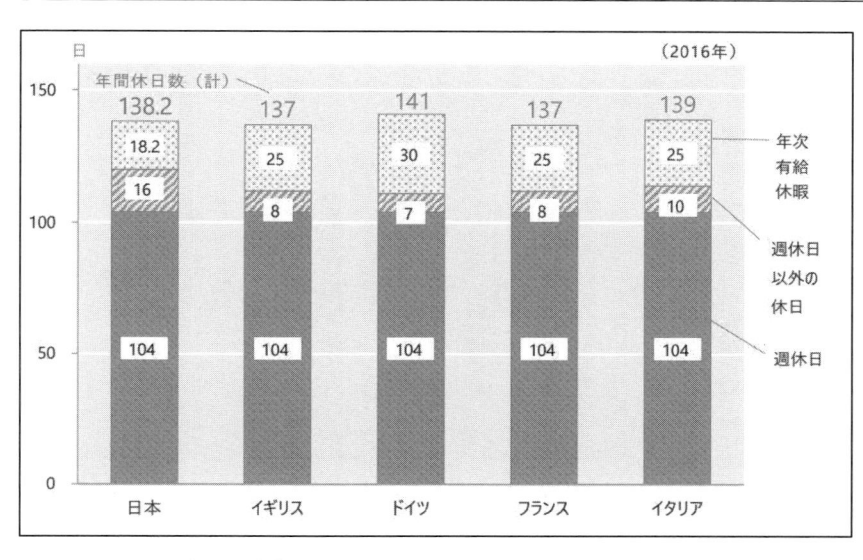

出典：　厚生労働省（2018.10）「2018年就労条件総合調査」, Eurofound（2017.8）*Developments in working time 2015–2016*

出所：「データブック国際労働比較 2019」労働政策研究・研修機構

図表7　主要国における女性の年齢階級別労働力率

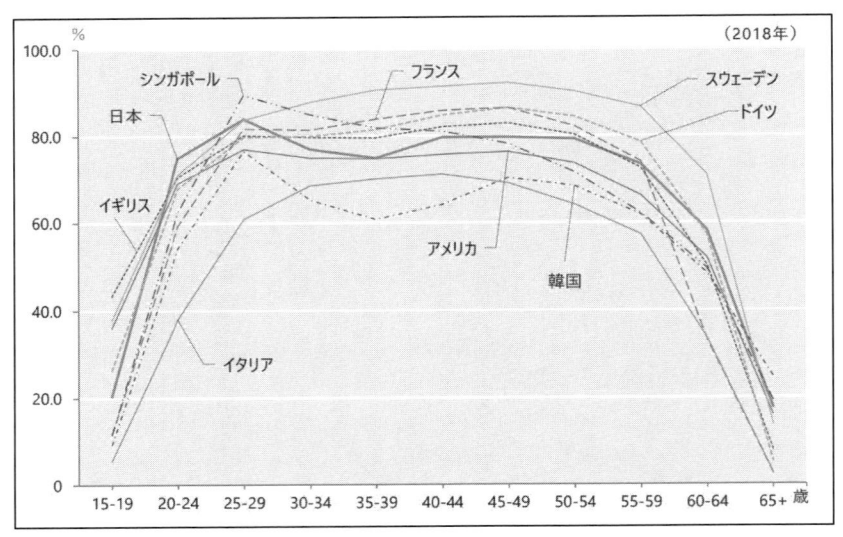

出典：　日本：総務省統計局（2019.2）「労働力調査（基本集計・結果原表）」

OECD Database (https://stats.oecd.org/) 2019年6月現在

出所：「データブック国際労働比較 2019」労働政策研究・研修機構

図表8　管理職・就業者に占める女性割合の国際比較

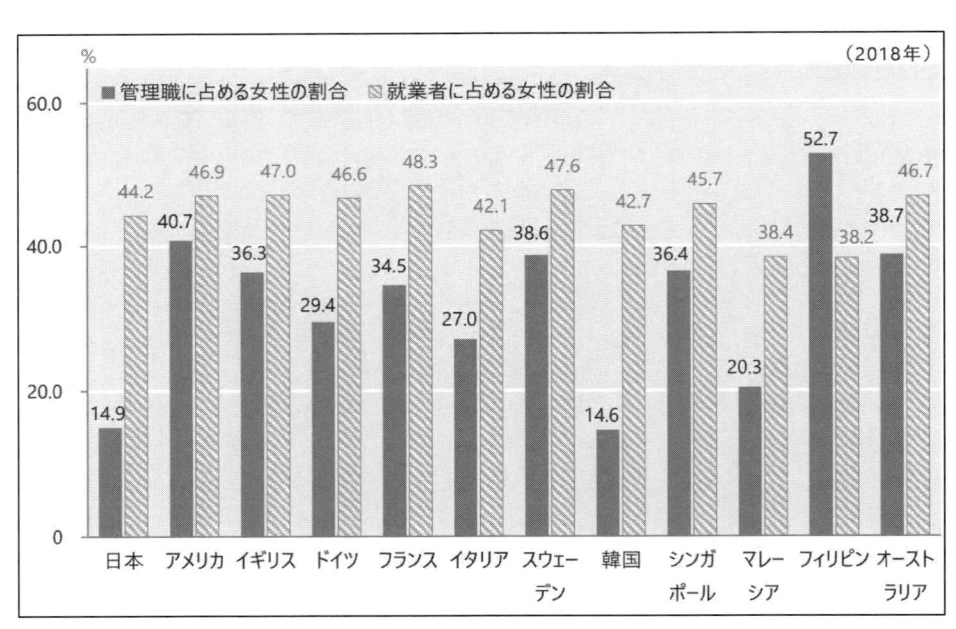

出典：　日本：総務省統計局（2019.2）「労働力調査（長期時系列）」
　　　　韓国（2013年以降）：統計情報サービス (https://kosis.kr/) 2019年7月現在
　　　　シンガポール（2018年）：人材開発省（2019.1）*Labour Force in Singapore 2018*
　　　　その他：ILOSTAT Database (https://ilostat.ilo.org/data/) 2019年7月現在

出所：「データブック国際労働比較 2019」労働政策研究・研修機構

図表9　男女別育児休業取得率の推移

（女性）

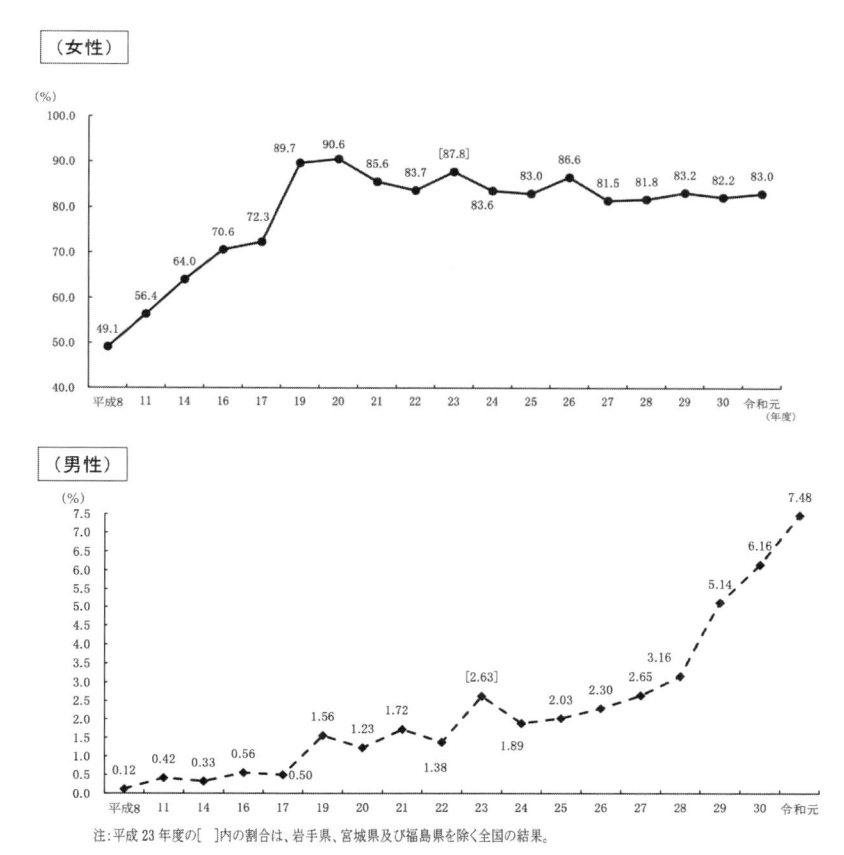

注：平成23年度の[　]内の割合は、岩手県、宮城県及び福島県を除く全国の結果。

出所：「令和元年度 雇用均等基本調査」厚生労働省

図表10　6歳未満の子供を持つ夫の家事・育児関連時間（1日当たり）の国際比較

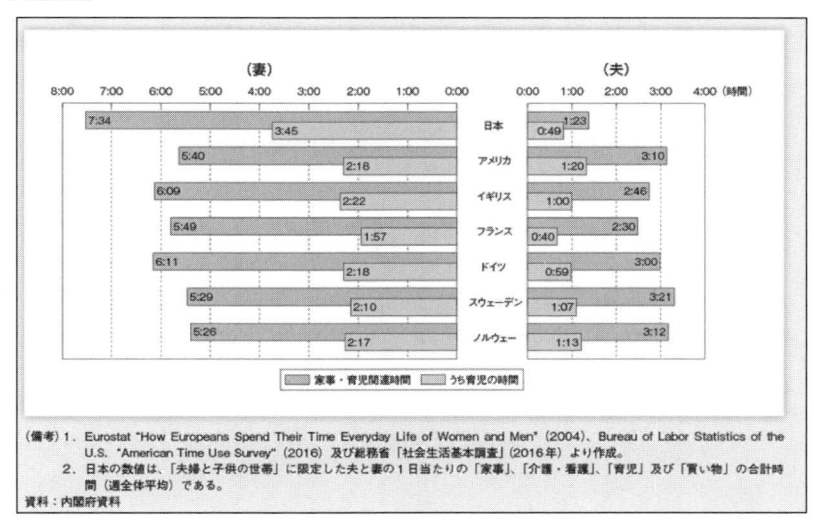

出所：「令和元年版 少子化社会対策白書」内閣府

働く上でのルールを知る

<事前課題>

（1）働く上でのルールについて、記述してあることが正しいと思うものに〇、
　　　誤っていると思うものに×を記入してください。

①大学生になれば深夜のアルバイトもできる（　　　　）

②アルバイトは、1日8時間を超えて働いてはいけない（　　　　）

③アルバイトは、割増しの残業代はもらえない（　　　　）

④アルバイトは、保険等（労災保険、雇用保険、厚生年金保険）に入れない
　　　（　　　　）

⑤「明日から来なくていい」と言われたら、クビということだから、すぐ辞めな
　　くてはならない（　　　　）

⑥通勤費は正社員でもアルバイト、パートタイマーでも、会社が必ず出さなけれ
　　ばならない（　　　　）

⑦パートタイマーでも有給休暇はもらえる（　　　　）

⑧出産後の休暇を取ることができるのは女性のみである（　　　　）

⑨育児休業を取ることができるのは女性のみである（　　　　）

⑩退職金の規定は法律で決められていて、会社は正社員が退職するときは必ず支
　　給しなければならない（　　　　）

（2）アルバイト経験や周りで働く人についてなど、働くことに関してトラブル
　　　にあったり疑問を感じたりしたことがあれば、記述してください。

1．働くルールを知る意義

①働くルールを通して、働く人の権利と生活をどのように守っていくかを考える。⇒自分らしい働き方やワークライフバランスを考える。
②雇用形態の多様化に伴って増加している労働トラブルに、正しい知識で対処する基礎を作る。
③労働関係の法律や諸制度について、正しい理解に基づいた適切な行動を行い得る能力を身につける。⇒相談窓口を活用できるようにする。

＜ワーク１＞　ケース・スタディ

　次のような場合、会社側が言っていることは正しいでしょうか？　あなたならどうしますか？　どうするのが最善の方法だと思いますか？

①居酒屋でアルバイトを始めました。就職情報誌の求人広告には、「未経験者歓迎」「居酒屋のホールスタッフ」「時給1000円以上」と書かれていました。いざ働いてみると、「やったことないの？」と冷たい言い方をされて、ホールではなくてずっと皿洗いでした。もらった給料の明細を見ると時給800円の計算でした。店長に聞いたら、「未経験者だから慣れるまで試用期間で時給が低いんだよ」との説明。聞いていた話と違うけど、店長がそう言うのだから仕方ないのかな。

②コンビニエンスストアでアルバイトをしています。いつもは午後6時から夜中の12時までで、時給1100円です。先月は、夜中のシフトの人が来られなくなって、深夜3時まで休憩なしで働いた日が2日ありました。決められた時間より多く働いたのだから、割増残業代がつくと思うのですが、給与明細を見たら、全部が時給1100円の計算でした。店長に言ったら、「残業代が割増しになるのは正社員だけだよ」と言われました。アルバイトは、残業代の割増しは出ないって、ほんとかな。

③引っ越しのアルバイトで、荷物運びの仕事中、階段を踏み外して足首を捻挫してしまいました。会社から「仕事以外で捻挫したことにしてほしい」と言われました。治療代もばかにならないのですが、会社にそう言われれば、アルバイトだし、自分で払うのは仕方がないのでしょうか。

④居酒屋でパートをしています。昨日、手が滑ってお皿を割ってしまいました。「5000円もする高い皿だよ。弁償してもらうよ。今月の給料から引いておくよ」と言われました。わざとじゃないから納得いかないことを伝えたら、「採用のときの誓約書に、お店のものを破損したら弁償します、と書いてあって、サインしたでしょう」と言われました。誓約書を書かないと働けないよ、と言われて書かされたものです。割ったお皿は弁償しないといけないのでしょうか。

2．労働法について

2-1　労働法とは
①働くルールに関するたくさんの法律をひとまとめにして労働法という。
②労働基準法をはじめ、労働契約法、労働者災害補償保険法、労働組合法、最低賃金法、育児介護休業法、男女雇用機会均等法など様々な法律が含まれる。
③働く人々を保護するために、様々な約束事が定められている。
④労働法の保護を受ける「労働者」には、正社員だけでなく、パートタイマーやアルバイトなど、雇われて働く人すべてが含まれる。

2-2　労働法の役割
　労働者は、雇われて働く代わりに賃金（給料）をもらって生活する。雇う人より雇われる人のほうが弱い立場になりがちなので、労働者が安心して働けるように法律によって守られている。

2-3　働くルールの基礎知識

（1）労働基準法
①労働契約
- 労働契約（雇用契約）は口約束でも成立するが、重要な労働条件の5項目は書面を交付しなければならないことが定められている（第15条）。
  ⇒5項目とは、働く期間、働く場所と内容、労働時間、賃金、退職について。

②就業規則
- 常時10人以上の労働者を雇用している会社は、就業規則（会社ごとの働くルール）の作成義務があり、就業時間・休日・賃金・退職等について必ず記載しなければならない（第89条）。
- 優先順位は、1.労働基準法、2.労働協約（労働組合と会社間の取決め）、3.就業規則、4.労働契約の順で、労働基準法が最も高く強く優先される。

③労働時間・休憩
- 「法定労働時間」は1日8時間以内、1週間40時間以内と定められている。それを超える場合は、会社はあらかじめ役所へ届け出をすることが必要（第32条）。
- 残業をさせた場合（法定労働時間を超えた「時間外労働」）には割増賃金を支払わなければならない（第36条）。
- 深夜労働（午後10時から午前5時まで）や法定休日（1週に1回）に労働をさせた場合も割増賃金を支払わなければならない（第37条）。
- 休憩時間は、労働時間が6時間を超える場合は45分以上、8時間を超える場合は1時間以上、労働時間の途中で与えなければならない（第34条）。

④賃金
- 賃金支払いの原則 ⇒ 現金で、（本人に）直接、全額残らず、毎月1回以上定めた日に支払うのが原則（第24条）。
  例外：手続きを踏めば、現物払い、保険料の天引きなどが認められる場合がある。
- 残業をした場合などの「割増賃金」の割増率は、原則として時間外労働は25％以上、深夜労働は25％以上、休日労働は35％以上と定められている（第37条）。

例：午前9時から午後5時まで（昼休み1時間）の就業時間の場合

	9:00 am	5:00 pm	6:00 pm	10:00 pm	5:00 am
		7時間	1時間		
労働時間の分類	所定労働時間		法定労働時間内残業	法定労働時間外残業	法定時間外＋深夜労働
割増率				25％以上	50％以上

（2）労働者災害補償保険法・労働安全衛生法

①労働者が仕事中や通勤途中にけがや病気になった場合に、治療費が全額出るなどの補償を定めているのが労働者災害補償保険法（労災保険）である。
- 労災保険は、正社員だけでなくアルバイト・パートタイマー・外国人労働者など雇用される人すべてが適用となる。
- 会社は1人でも雇えば労災保険に加入する義務がある。
- 労災保険の保険料は全額会社が負担している（労働者は保険料を負担しない）。

②労働安全衛生法では、事業者に対して、労災事故が起きたり、労働者がケガや病気になったりしないように、安全に健康で働ける職場環境を確保するための措置（有害物に関する規制、健康保持のための規制等）を定めている。

（3）健康保険法・厚生年金保険法

①健康保険制度は、労働者やその家族が、病気・けが・出産・死亡などの場合に必要な医療や手当金を支給する。

②厚生年金保険は、労働者が高齢となったり障害を負ったりして働けなくなったときのための保険制度。老後や困ったときの生活の支えとなる。

2-4　その他の働き方に関連する法律

（1）雇用保険法（失業の予防、能力開発、労働者の福祉を図る法律）
- 働いている間に雇用保険に入っていれば、働いていた長さに応じて失業給付（基本手当という）が出る。
- ハローワークを通じて、資格取得の無料講座を受けることができる。

（2）育児・介護休業法（労働者の育児や介護をサポートする法律）

- 子が原則 1 歳に達するまで休業を取ること、小学校入学前までの子の看護休暇が取れること、家族のために介護が必要な場合に休業（最大 93 日）が取れること、などを定めた法律。
- 育児休業も介護休業も男女にかかわりなく取得することができる。

（3）男女雇用機会均等法（性別を理由に差別することを禁止する法律）

- 具体的には、募集・採用、配置、昇進、教育訓練、雇用形態、退職など、性別の違いで差別することを禁止している。
- 女性労働者が婚姻、妊娠、出産をしたことを理由に辞めさせるなどの不利益な取り扱いをすることも禁止している。

３．労働者と使用者の権利と義務

	労働者	使用者（経営者）
権利	・賃金請求権 ・団結権・団体交渉権 ・その他法律で定められた権利	・労務給付請求権（＝指揮命令権） ・指揮命令権（業務命令権、人事権）
義務	・労務提供の義務 ・教育・研修受講の義務 ・職場秩序遵守義務 ・誠実義務（兼職の規制、守秘義務、競業避止義務など）	・賃金支払いの義務 ・安全配慮義務 ・職場環境保持（配慮）義務 ・人格的利益の尊重義務

４．働くルールに関する相談窓口

①労働条件相談ほっとライン（厚生労働省委託事業）

- フリーダイヤル　0120-811-610（月〜金：17:00〜22:00　土・日・祝日：9:00〜21:00）
- 違法な時間外労働・過重労働による健康障害・賃金不払残業などの労働基準関係法令に関する問題について、専門知識を持つ相談員が、法令・裁判例をふまえた相談対応や各関係機関の紹介などを行う電話相談。
- 労働者・使用者に関わらず誰でも（匿名も）無料で、全国どこからでも利用できる。

②総合労働相談コーナー（厚生労働省）

- 各都道府県労働局、全国の労働基準監督署内などの 379 カ所に設置。
- 予約不要、利用は無料。
- 学生、就活生の相談から、解雇、雇止め、配置転換、賃金の引下げ、募集・採用、いじめ・嫌がらせ、パワハラなどのあらゆる分野の労働問題を対象。
- 専門の相談員が面談もしくは電話で相談者のプライバシーの保護に配慮して応対。

＜ワーク２＞

　働くルールを学び、自分のアルバイトだけでなく、卒業後の働き方について感じたことや考えたことを自由に記しましょう。

参考文献

アンジェラ・ダックワース（2016）『やり抜く力——人生のあらゆる成功を決める「究極の能力」を身につける』ダイヤモンド社。

魚田勝臣（編）（2015）『グループワークによる情報リテラシ——情報の収集・分析から、論理的思考、課題解決、情報の表現まで』共立出版。

エドガー・H・シャイン（2003）『キャリア・アンカー』金井壽宏訳、白桃書房。

岡田昌毅・小玉正博（編）（2012）『生涯発達の中のカウンセリングⅢ』サイエンス社。

岡田昌毅（2013）『働くひとの心理学』ナカニシヤ出版。

金井壽宏（2005）『リーダーシップ入門』日経文庫。

北浦正行（編著）（2013）『改訂版　実践キャリアデザイン論 30 講』（公財）日本生産性本部生産性労働情報センター。

金融広報中央委員会（2015）『大学生のための人生とお金の知識』。

久保優希也（2010）『文系ビジネスマンでもわかる数字力の教科書』大和書房。

小池和男（2000）『聞きとりの作法』東洋経済新報社。

厚生労働省ホームページ（2014）『知って役立つ労働法——働くときに必要な基礎知識』。

厚生労働省ホームページ（2014）『ストレスチェック』。

島悟・佐藤恵美（2007）『ストレスマネジメント入門』日経文庫。

首都圏青年ユニオン（監修）（2008）『おしえて、ぼくらが持ってる働く権利』合同出版。

G・マイケル・キャンベル、サニー・ベーカー（2011）『世界一わかりやすいプロジェクト・マネジメント　第3版』中嶋秀隆訳、総合法令出版。

鑪幹八郎（1990）『アイデンティティの心理学』講談社現代新書。

照屋華子（2001）『ロジカルシンキング』東洋経済新報社。

所由紀（2005）『偶キャリ。——「偶然」からキャリアをつくる』経済界。

西村克己（2012）『実践　ロジカルシンキングが身につく入門テキスト』中経出版。

橋本文隆（2008）『問題解決力を高めるソリューション・フォーカス入門』ＰＨＰ研究所。

平木典子（2009）『改訂版アサーション・トレーニング』金子書房。

星野欣生（2003）『人間関係づくりトレーニング』金子書房。

細谷功（2015）『ロジカルシンキングを鍛える』KADOKAWA。

堀公俊（2004）『ファシリテーション入門』日経文庫。

本間正人・松瀬理保（2006）『セルフ・コーチング入門』日経文庫。

松岡正剛（2000）『知の編集術　発想・思考を生み出す技術』講談社現代新書。

松尾睦（2006）『経験からの学習——プロフェッショナルへの成長プロセス』同文舘出版。

森脇道子（監修）・武田秀子（編著）（2011）『ビジネスプレゼンテーション　改訂版』実教出版。

渡辺三枝子（編著）（2011）『新版 キャリアの心理学』ナカニシヤ出版。

頁	該当箇所	誤	正
30	＜ワーク1＞一番下見出し	P（理由）	P（結論）
96	3-3 性格の図	身体的特長	身体的特徴
99	13 行目見出し番号	4-2　5つの要素	5-2　5つの要素
107	＜ワーク3＞最後に項目を追加	——	**11.　昇進・昇格** 仕事や職場において地位が上がること。
137	2-2 グループディスカッションにおける役割・評価のポイントの表 書記「成果への貢献が見られない場合」欄	ただ時間だけ計っている	ただ文字だけ写している
137	同上表 アイデア出し役「成果への貢献が見られない場合」欄	ただ文字だけ写している	成果に結びつかない案を出している
137	同上表 議長「成果への貢献が見られない場合」欄	成果に結びつかない案を出している	適切なアイデアの取捨選択ができない
137 138	表の出所欄に参考資料を追加	——	【グループディスカッションの役割】全種類の解説とおすすめの決め方 https://www.onecareer.jp/articles/3375
156	＜クロス分析＞表1段目	空欄行	行削除

137 頁「2-2　グループディスカッションにおける役割・評価のポイント」正しい表は下記のとおりとなります。（下線部が訂正箇所）

役割	仕事内容	成果への貢献が見られる場合	成果への貢献が見られない場合
司会進行・リーダー	口火を切り、議論をリードする	正しいリードをする	間違ったリードをしている
タイムキーパー	時間を計ること	時間を見て、議論をリードする	ただ時間だけ計っている
書記	議論を書き写し、ヒントを与える	図を用いた切り口の提示や情報整理	ただ文字だけ写している
アイデア出し役	案を出す	成果に結びつく案を出している	成果に結びつかない案を出している
議長	最終決定を下す	適切なアイデアの取捨選択	適切なアイデアの取捨選択ができない
プレゼンター（発表）	発表する	聞き手にわかりやすく発表している	プレゼンが下手そくで伝わらない

出所：ONE CAREER「グループディスカッション完全対策！全テーマの進め方・流れやコツを網羅的に解説」https://www.onecareer.jp/articles/269、「【グループディスカッションの役割】全種類の解説とおすすめの決め方」https://www.onecareer.jp/articles/3375、を参考に作成。

正誤表

本書『キャリアデザインテキスト 第5版』（1刷）において以下の誤りがありました。お詫びして訂正いたします。

191頁　＜執筆者＞欄

（誤）

＜執筆者＞

須東朋広（すどう　ともひろ）＊編集責任者

　　専修大学商学部特任教授、一社社団法人 才知修養学舎 代表理事

大山雅嗣（おおやま　まさつぐ）

　　専修大学経済学部元特任教授、大山キャリア教育研究所所長

田中隆之（たなか　たかゆき）

　　専修大学経済学部教授

堀野賢一郎（ほりの　けんいちろう）

　　専修大学キャリアセンター事務部キャリア形成支援課次長

（正）

＜執筆者＞

須東朋広（すどう　ともひろ）＊編集責任者

　　専修大学商学部特任教授、一社社団法人 才知修養学舎 代表理事

大山雅嗣（おおやま　まさつぐ）

　　元専修大学経済学部特任教授、大山キャリア教育研究所所長

西本万映子（にしもと　まえこ）

　　元専修大学経営学部特任教授、国家資格キャリアコンサルタント

高橋美智恵（たかはし　みちえ）

　　元専修大学非常勤講師、国家資格キャリアコンサルタント

佐藤　創（さとう　はじめ）

　　元専修大学ネットワーク情報学部教授

田中隆之（たなか　たかゆき）

　　専修大学経済学部教授

堀野賢一郎（ほりの　けんいちろう）

　　専修大学キャリアセンター事務部キャリア形成支援課次長

<執筆者>

須東朋広（すどう　ともひろ）＊編集責任者

　　専修大学商学部特任教授、一社社団法人　才知修養学舎　代表理事

大山雅嗣（おおやま　まさつぐ）

　　専修大学経済学部元特任教授、大山キャリア教育研究所所長

田中隆之（たなか　たかゆき）

　　専修大学経済学部教授

堀野賢一郎（ほりの　けんいちろう）

　　専修大学キャリアセンター事務部キャリア形成支援課次長

キャリアデザインテキスト　第5版　　―なりたい自分になるために―

2015年4月1日	初版第1刷発行	
2017年4月1日	第2版第1刷発行	
2019年3月20日	第3版第1刷発行	
2021年4月12日	第4版第1刷発行	
2025年3月31日	第5版第1刷発行	

編　者　　専修大学キャリアデザインセンター
　　　　　　〒214-8580　神奈川県川崎市多摩区東三田 2-1-1

発　行　　専修大学出版局
　　　　　　〒101-0051　東京都千代田区神田神保町 3-10-3　（株）専大センチュリー内

印刷・製本　藤原印刷株式会社